高等职业教育汽车类专业新型活页工作手册式系列教材

系列教材主编：戚文革　邹玉清

汽车售后服务接待流程

房　睿◎编著

中国铁道出版社有限公司
CHINA RAILWAY PUBLISHING HOUSE CO., LTD.

内容简介

本书为贯彻国务院印发“职教20条”文件精神，落实“新型活页式、工作手册式”职业教育教材的类型要求而编写。本书是依据学生中心、能力本位、成果导向等理论，充分考虑“1+X”证书要求，融专业教育、课程思政、创新教育于一体，充分体现职业教育是“学习如何工作的教育”这一本质要求，面向学生学习，校企双元合作开发的新型活页式、工作手册式能力本位教材。

全书共五个项目，包括接待常规保养客户、接待故障车维修客户、接待返修客户、接待保修索赔客户和接待保险事故车客户。书中配备视频、动画等电子资源，读者可扫描二维码学习，并配套开发了教学工作页和助教课件等教学资源。

本书可作为高职高专院校和其他职业学校汽车类专业学生的教材，也可作为有关人员的岗位培训教材。

图书在版编目（CIP）数据

汽车售后服务接待流程 / 房睿编著． —北京：中国铁道出版社有限公司，2022.1
高等职业教育汽车类专业新型活页工作手册式系列教材
ISBN 978-7-113-28626-2

Ⅰ. ①汽… Ⅱ. ①房… Ⅲ. ①汽车－售后服务－高等职业教育－教材 Ⅳ. ① F407.471.5

中国版本图书馆 CIP 数据核字 (2021) 第 249267 号

书　　名： 汽车售后服务接待流程
作　　者： 房　睿

策　　划： 尹　鹏　　　**编辑部电话：**（010）83552550
责任编辑： 钱　鹏　李学敏
封面设计： 刘　颖
责任校对： 焦桂荣
责任印制： 樊启鹏

出版发行： 中国铁道出版社有限公司（100054，北京市西城区右安门西街 8 号）
网　　址： http://www.tdpress.com/51eds/
印　　刷： 北京联兴盛业印刷股份有限公司
版　　次： 2022 年 1 月第 1 版　2022 年 1 月第 1 次印刷
开　　本： 880 mm×1 230 mm 1/16　**印张：** 8　**字数：** 216 千
书　　号： ISBN 978-7-113-28626-2
定　　价： 48.00 元

高等职业教育汽车类专业新型活页工作手册式系列教材

编审委员会

作者简介

房睿，硕士研究生。现就职于吉林电子信息职业技术学院汽车工程学院，主讲汽车售后服务接待流程课程近800学时，4S店企业实践近半年。主持该课程改革项目，省级课题1项、市级课题2项，发表相关论文省级期刊6篇，参与编写教材1部。指导学生参加吉林省高职院校职业技能大赛，获得一等奖1次，三等奖1次。

序

自从2019年国务院发布的《国家职业教育改革实施方案》提出“倡导使用新型活页式、工作手册式教材”之后，教材建设就成为职业教育改革的热词，2020年国家教材建设奖的设立极大地提升了教材的地位，更是将教材建设推到了职业教育改革的浪尖潮头。

教材里有什么？

这是必须明确的一件事。

是不是知识本位教材里有知识而能力本位教材里有能力呢？答案是明确的，无论知识本位教材还是能力本位教材，教材里都只有知识。

区别何在？

知识本位教材是将学科知识从命题概念出发，在空间上按照演绎逻辑进行组织、呈现的。

能力本位教材是将工作知识从具体事物出发，在时间上按照归纳逻辑进行组织、呈现的。

知识本位教材的功能是培养学生演绎推理能力，目的是发现更多知识，探索未知领域。

能力本位教材的功能是培养学生归纳推理能力，目的是处理具体事务，解决现实问题。

这是一个大概的区分，但这是一个直指本源的区分，这一内在逻辑的区别决定了职业教育与普通教育教材类型的基因差异。

职业教育教材应该“长什么样，内容如何呈现，具备什么功能”，是由职业教育类型属性决定的，职业教育就是“学习如何工作的教育”，那么教材就应该呈现“工作原貌”，只有将“工作原貌”呈现出来，才能够实现学习“如何工作”的目的。抓住了这一根本性的问题，就能将职业教育教材与普通教育教材彻底区别开来。

怎样呈现“工作原貌”呢？

任何一项工作都是由六个要素构成的，即工作对象、工作内容、工作手段、工作组织、工作产品和工作环境。

工作六要素所对应的知识，即工作对象知识、工作内容知识、工作手段知识、工作组织知识、工作产品知识和工作环境知识。

对于一项工作，如果将工作六要素知识寻找并罗列出来，合辑成册，是不是可以看做是职业教育的教材呢？

按照教材里只有“知识”和职业教育就是“学习如何工作的教育”这两条标准判断，显然这一合辑成册的书无疑就是职业教育的教材。

继续深入分析，工作六要素知识两种有价值的排列方式，一种是并列排列，将六要素知识平铺在纸上就可以了，这是工作六要素知识的静态呈现——这种排列方式并不鲜见，如常见的机械设计手册等。

如果将工作六要素里的工作内容知识按照其在工作中出现的时间顺序排列就会发现，这构成了一项具体工作的职业行动体系，其他五个工作要素知识构成了支撑这个职业行动得以进行下去的职业知识，按照这一逻辑，我们发现工作六要素知识可以如图 1 排列，这样排列的好处就是将工作要素知识的内在联系通过职业行动建立起来了，使工作六要素动态呈现出来，不仅能够更好地表达了“工作原貌”，更是表达了“工作逻辑”，使学习者更易理解“工作本身”以及实现学习“如何工作”这一目的。

职业行动 = 工作内容知识序化	职业知识 = 其余工作五要素知识
1	工作对象知识 工作手段知识 工作组织知识 工作产品知识 工作环境知识
2	
⋮	
n	

图 1　工作六要素知识时序逻辑

仅此还是不够的，职业教育教材不仅要呈现工作要素知识，表达“工作逻辑”，还要服务于学生学习这一根本要求，因此，职业教育教材必须按照认知规律和职业成长规律选取和呈现工作要素知识。

认知规律通常表述为从“从低级到高级，从简单到复杂”，什么是“低级和高级”“简单和复杂”呢？布鲁姆的教育目标分类是我们可以依据的一个科学原理。

本耐、德莱福斯、劳耐尔对职业能力成长规律的研究成果得到了普遍的认同，从初学者 / 新手—生手—熟手—能手—专家 / 高手的职业能力成长的过程中，使我们得以窥见职业教育与普通教育互为起点与终点的正好相反的学习过程。

综上所述，工作要素知识以静态或者动态方式按照认知规律、职业成长规律排列，构成职业教育教材的知识种类与排列的基本的序化逻辑。

本系列教材是以工作要素知识的动态形式，按照认知规律和职业成长规律选取工作内容来组织、呈现工作原貌的。

教材以活页装订、留白处理、多元目录索引、职业行动与职业知识左右对应排版、知识表格化处理，全书用色块区分不同内容等手段，表达重点清晰醒目，并配以二维码视频动画资源，极大地方便了检索查阅，充分体现自主学习功能和手册性质。

同时，以标语彰显、主题镶嵌和星火相融三种方式将创新教育以及课程思政融于专业教育始终，使教材具备了“专业、创新、思政”三育融合的内容与功能。

采用镶嵌、替换方式将“1+X”融入相关内容之中，满足职业技能等级鉴考评定需求。每一个学习项目设置一个迁移性学习考核项目，满足了学分银行学习成果认证需要。

吉林电子信息职业技术学院在汽车专业群、机械专业群、冶金专业群系统开展的提高育人有效性的教学改革中，从 2016 年开始尝试“活页式、工作手册式”教材编写与教学实践，取得了良好效果。

是为序。

戚文革

2021 年 8 月 20 日

前　言

职业教育教材建设进入了新时代。2019年国务院颁布的《国家职业教育改革实施方案》（简称“职教20条”）开篇就明确了职教与普教的类型区别，教材如何体现？更是第一次以国家文件的高度对教材形式提出了具体要求。第（九）条：“……建设一大批校企“双元”合作开发的国家规划教材，倡导使用新型活页式、工作手册式教材，并配套开发信息化资源。”这背后的逻辑是什么？职业教育教材建设必须思考：新型活页式、工作手册式教材的内涵是什么？职业教育教材如何体现“新型”“活页式”“工作手册式”三个关键要素？“新型活页式、工作手册式”教材须具备什么功能？

本书着重把握新型活页式、工作手册式教材的深刻内涵和承载的功能，遵循能力本位、学生中心、成果导向等职业教育基本规律，将专业教育、创新教育、课程思政以及“1+X”融为一体，教材功能指向职业能力培养，充分体现职业教育类型特征。

职业教育是“学习如何工作的教育”。因此，本书将完整展现职业活动的工作原貌作为第一原则，将工作内容序化为职业活动，构成职业行动体系，辅以支撑职业活动的职业知识。为了清晰表达工作原貌，在具体版面设计上，横版编辑，一页纸分为左右对称两部分，左侧为职业行动，右侧为支撑职业行动得以开展的职业知识。

具体表现：页面左侧为序化的职业行动，形成职业行动体系，作为教材结构逻辑；页面右侧为支撑职业活动的技术标准、规范、要求、原则、方法、原理等理论知识、技术理论知识、技术实践知识以及经验性知识，其中，技术实践知识为主，并进行表格化处理以方便查阅，体现手册式特征。

全书共五个项目，包括接待常规保养客户、接待故障车维修客户、接待返修客户、 接待保修索赔客户和接待保险事故车客户。书中配备视频、动画等电子资源，读者可扫描二维码学习，并配套开发了教学工作页和助教课件等教学资源。

每个项目包含四部分内容：第一部分是项目阐述，包括项目描述、项目要求、学习目标和学习载体；第二部分是项目实施，包括职业行动、职业知识和任务测评；第三部分是学习考评，包括考评项目、实施准备、验证方法与标准和考评报告；第四部分是课程思政，包括页脚标语、拓展阅读。

本书编写紧紧围绕新型活页式、工作手册式教材本质特征，使其具备如下特点：

1. 体现能力本位功能，突出职业能力培养

将项目或任务的工作内容序化为完整的工作过程，建立工作六要素（对象、内容、手段、组织、产品、环境）之间的内在联系，展示工作原貌，在完成职业活动过程中不断积淀职业能力。

2. 体现学生中心思想，以方便学生学习为第一原则

活页装订方便学生学习新知识、新技能以及补充学习心得，页面留白处理方便学生学习记录，多元目录索引方便学生学习查阅，职业知识表格化处理简洁明了，充分体现手册功能特征。

3. 体现成果导向思想，满足学分银行认证要求

“职教20条”第（八）条指出要“加快推进职业教育国家‘学分银行’建设，从2019年开始，探索建立职业教育个人学习账号，实现学习成果可追溯、可查询、可转换”。学习成果认定是学分银行实施的基础，为此，本书每一个项目最后，都设计了一个学习成果认定考核方案，供师生参考选择。

4. 适应“1+X”证书制度，内容选取参考职业技能等级标准

在“1”的基础上，针对职业要求进行拓展和补充，将汽车职业技能等级标准有关内容及要求有机融入教材中，实现课证融通。

5. 体现“专业＋思政＋创新”时代要求，实现三育融合

本书每个项目的页脚采用蕴含思政元素和创新元素的标语式语句，寓教于警言励志语言——标语彰显式。本书选定一个思政（比亚迪汽车的自主发展）和创新主题，按照主题选取编辑若干个故事，寓教于故事中——主题镶嵌式。每个任务拓展训练中紧密结合任务内容将思政元素和创新元素融入其中，寓教于水乳交融中——星火相融式，专业教育中突出“人的底色”与创新素质培养。

6. 辅以信息化数字资源，教材内容立体呈现

本书配套开发设计了教学工作页、教学课件、任务工单、习题作业及大量的媒体素材等资源，方便师生学习查阅。

7. 图文并茂，职业知识表格化处理，突出“手册式”功能

本书编写时选用了大量图例，文字力求简练、通俗，内容简明扼要，职业知识表格化处理，易于快速查阅，通俗易懂。

8. 新增新规范，增强教材时效性

本书在选用学习载体和学习内容时，充分依据实际的工作岗位设定工作情景，合理安排工作内容，除此之外，教材中还融合了最新的汽车售后服务规范标准，增强了教材的时效性。

9. 校企双元合作开发，充分融入职业要素

本书由吉林电子信息职业技术学院汽车工程学院教师房睿编著，黑龙江尊荣亿方汽车贸易有限公司技术主管高志远提供了技术资料与支持，实现校企双元合作开发。本书由戚文革、王磊、侯培林审稿。

由于编著者水平限制、编写时间仓促，书中难免有不妥和疏漏之处，恳请广大读者批评指正。

编著者

2021年8月

目　录

视频 / 动画目录

项目一　接待常规保养客户

学习笔记

一、项目描述

完成常规保养客户接待。

二、项目要求

依据汽车售后服务核心流程，完成常规保养客户接待。

（1）保养预约与接待；

（2）制单与保养；

（3）交车与回访。

三、学习目标

（1）能够说出服务顾问的岗位职责；

（2）能够说出定期维护保养的主要项目；

（3）能够说出电话、仪容仪表以及接待礼仪；

（4）能够依据汽车售后服务核心流程，完成常规保养客户的接待；

（5）能够规范填写预约登记表；

（6）能够规范填写接车检查单；

（7）能够规范制作任务委托书；

（8）能够规范制作结算单；

（9）能够规范填写回访记录表；

（10）能够养成良好的职业规范和认真、热情的工作态度；

（11）养成从小处着眼、踏实严谨的职业态度。

四、学习载体

天气晴朗，美美4S店服务顾问小李一早准时到店。昨天下班前，小李已经查询了汽车售后服务管理系统，根据客户档案信息，了解了车主王先生上次车辆保养时间、行驶里程等情况，确定需要致电提醒王先生做4万公里保养。同时，确定了今天还要完成的另外三项工作。因此，小李今天一共有四项工作要完成：

（1）电话预约王先生；

（2）对张先生提前一天预约确认；

（3）接待预约今日下午一点做保养的陈先生；

（4）电话回访房女士。

小李换好工装，坐在售后接待前台的椅子上，开始了今天的工作，见下图。

准备工作的小李

学习笔记

任务一　保养预约与接待

职业行动

步骤一：作业准备

1. 工作地点

选择汽车售后服务中心温馨的售后接待前台（见图 1-1-1）、停车场。

2. 工作设施

办公电话、办公桌、座椅、计算机、打印机、对讲机、售后预约管理看板（见图 1-1-2）。

3. 工具用品

写字板（见图 1-1-3）、笔、预约登记表、接车检查单、任务委托书、保养项目表、汽车防护用品（见图 1-1-4）、名片。

图 1-1-1　售后接待前台

售后预约管理看板

序号	车牌号	客户姓名	预约时间	预约项目	服务顾问	维修技师
1						
2						
3						
4						
5						
6						
7						
8						
9						
10						

图 1-1-2　售后预约管理看板

图 1-1-3　写字板

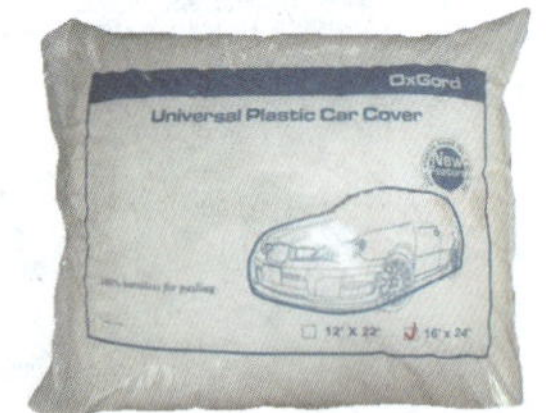

图 1-1-4　汽车防护用品

职业知识

服务顾问应具备的业务能力及必要性

业务能力	必　要　性
标准服务流程知识	只有对自己的工作流程非常熟悉，才能在服务客户的过程中做到专业化和标准化，提高工作效率的同时也能保证服务质量，为客户带来良好的体验
汽车产品知识	只有熟悉本品牌的车型配置、每个车型的特点及本品牌汽车产品的维修知识、常见客户问题，才能更好地处理客户异议，取得客户信任
汽车专业知识	只有熟悉汽车的组成结构与各部分名称，对汽车的工作原理有比较深入的了解，才能在工作中更好地展现出专业性
配件知识	只有熟悉常用的汽车配件的种类与价格，了解各种配件的作用与特点，掌握配件编码等知识，才能更准确地告知客户保养和维修费用
计算机操作技能	计算机操作技能是每个服务顾问必须具备的基础性工作技能之一。只有掌握计算机操作技能，服务顾问在使用计算机收集客户相关信息、建立客户档案和客户车辆档案等工作时才能得心应手
沟通能力	只有具备良好的语言沟通表达能力，懂得一定的交谈技巧，才能与顾客进行有效沟通，达到服务目的
良好的心理素质	接待工作相当繁杂，必须具有良好的心理素质，才能在处理客户投诉时做好心理调整，缓解工作压力，培养良好的人际关系

视频

1-1　电话预约

步骤二：拨打电话

1. 整理心情

服务顾问小李面带微笑，开始拨打预约电话（见图 1-1-5）。

图 1-1-5　小李面带微笑拨打电话

2. 确认客户身份

小李："您好，请问您是吉 A12345 的车主王先生吗？"

王先生："我是。"

3. 自我介绍

小李："我是美美 4S 店的服务顾问小李。"

4. 询问客户车辆行驶里程

小李："请问您的车辆现在的行驶里程是多少？"

王先生："我的车大概行驶了 4.1 万公里。"

5. 保养邀约

提醒客户保养，并发出保养预约邀请，说明特色服务项目以及预约好处。客户如果明确拒绝，则不再提醒，并将此结果记录在 DMS 系统中。

小李："您的车该做 4 万公里的保养了，请问需要帮您进行预约登记吗？这样可以无须等待，直接入厂进行双人快保，从而节约您的宝贵时间，也可以享受我们的免费添加玻璃水优惠！"

王先生："好的。"

服务顾问岗位职责

- 及时接待客户车辆。
- 认真询问客户来意，了解客户的需求。
- 对维修车辆进行问诊并作出记录，负责建立、完善客户车辆档案并及时更新。
- 配合技术人员对故障车辆进行诊断，填写维修工单确保对客户的车辆及时进行正确的修理。
- 确保车间维修班组完成各项工作并及时跟踪车辆维修的进度和质量。
- 负责向客户说明预检单、维修工单、结算单的填写及解释工作。
- 从维修车间接收竣工车辆，并完成交车前的检查。
- 处理客户的抱怨。
- 宣传公司及经销商的特色服务，向客户推荐护理品或其他产品，增加公司的营业产值。
- 完成上级交办的其他任务

拨打电话礼仪规范

- 选择合适的拨打电话时间。避免在客户休息时间或吃饭时间拨打电话。
- 准备资料。准备好要用的资料、文件等，仔细确认对方的电话号码、单位、姓名，避免打错电话。
- 仪态、音量与语速。面带微笑，音量与语速适中，吐词清晰，亲切自然。
- 电话内容。要有次序、简洁、明了，避免打闲聊家常等私人电话，影响邀约效果；对时间、地点、数字等需准确传达；最后可总结所说内容要点。
- 讲话艺术。措辞适当，要使用礼貌用语，如"您好""抱歉""请问"等。
- 通话时长。通话时间不宜过长，应控制在 3 分钟之内，最好不要超过 5 分钟。
- 电话中断。讲电话时，若是售后服务顾问电话发生掉线等中断情况，应主动重新拨打电话；若是客户中断电话，应等对方拨打电话。
- 结束通话。要在客户挂断电话后再挂断电话，并将听筒轻轻放回至电话机上

学习笔记

学习笔记

6. 协商到店时间

小李："请问您什么时候方便来店保养呢？"

王先生："我周末才有空。"

小李："那我给您安排到下周日 5 月 9 日的下午 2 点，您看可以吗？"

王先生："好啊，就这个时间吧！"

7. 告知保养项目、费用及用时

小李："本次您做的保养项目包括更换机油、机油滤清器、空调滤芯、空气滤芯和变速器油，所需费用为 1 040 元，预计用时大约 2 个小时。"

王先生："好，我知道了。"

8. 确定保养技师

小李："请问王先生需要指定技师吗？"

王先生："就上次给我做保养的那个小陈师傅吧，服务挺好的。"

小李："好的，我会尽量给您安排。"

9. 告知客户到店前事项

小李："我们会提前电话提醒您的预约，到店时请带上您的行驶证和保养手册。"

王先生："好的，知道了。"

10. 再次确认预约事项及其他需求

小李："您本次预约的是 4 万公里保养，保养项目包括更换机油、机油滤清器、空调滤芯、空气滤芯和变速器油，所需费用为 1 040 元，预计用时大约 2 个小时。5 月 9 日下午 2 点来店，指定技师陈明，请问还有其他可以帮到您的吗？"

王先生："没有了。"

11. 结束预约通话

小李："王先生，感谢您的预约！祝您用车愉快，再见！"

王先生："再见！"

预约服务的意义

对客户	• 可以根据自己的日程安排服务时间，减少非维修等待时间。 • 能够指定专属的服务人员，快速、优先维修，保证交车时间。 • 可以给企业留出时间，事先准备相关事项（备件、技师、工具、资料、维修方案等）。 • 通过电话预约，客户能初步了解相关信息（费用、时间等）
对企业	• 可以合理分配接待时间，控制客户入厂时间，使接待井然有序，有效减少客户抱怨。 • 提前确认零件库存，提高零件及时供应率。 • 订单尽量错开，有计划地调度车间生产，确保工作效率，保证维修时间、交车时间。 • 留出足够的维修能力接待非预约客户

预约安排原则

- 预约依据。预约工作要以预约登记表为依据。
- 预约时间点。尽可能将预约放在空闲时间，避免太多预约集中在上午和傍晚，同时，还要根据预约客户空闲时间进行协商。
- 预约时间间隔。将预约隔开，通常以间隔 15 分钟来进行预约，留出服务顾问接待时间，防止时间重叠。
- 预约车辆数。应占维修车辆数的 80% 左右，留 20% 的车间容量应付简易修理、紧急修理，以及前天遗留下来的修理和不可预见的延误。
- 优先安排。应根据企业自身预约维修能力，优先安排返修、召回、保修、紧急维修车辆和特殊客户的车辆。
- 人员安排。如果客户有指定技师，应尽量安排。
- 预约追踪。客户进厂前 1 小时进行预约提醒。若客户超过进厂时间半小时仍未到达，应及时与客户联系并确认到达的准确时间。若客户超过进厂时间 1 小时仍未到达，与客户联系后可建议其取消本次预约，并告知将其优先列入下一预约计划

步骤三：填写预约登记表

1. 填写预约登记表

服务顾问小李与客户沟通的同时，根据询问的内容及客户的描述，及时填写好预约登记表（见图 1-1-6）。

预约登记表

编号：2105001

服务中心名称：美美4S店　服务顾问：小李　2021年4月28日

客户信息			
客户姓名	王××	联系电话	1581234××××
车型	奔腾B70	里程/公里	41000
车牌号码	吉A12345	上次进站日期	2020年4月25日
预约情况			
预约进站时间（日期、时间）	2021年5月9日14点00分		
听诊内容			
维修保养或故障内容： 4万公里保养		估计需换的备件： 机油　空调滤芯 机油滤清器　空气滤芯 变速器油	
维修费用估价：1040元			
电话记录：车辆使用没有问题			
备注	指定技师陈明 免费更换玻璃水		

图 1-1-6　预约登记表填写示例

2. 录入汽车售后服务管理系统

小李将重要预约信息录入到汽车售后服务管理系统。

保养预约流程示例

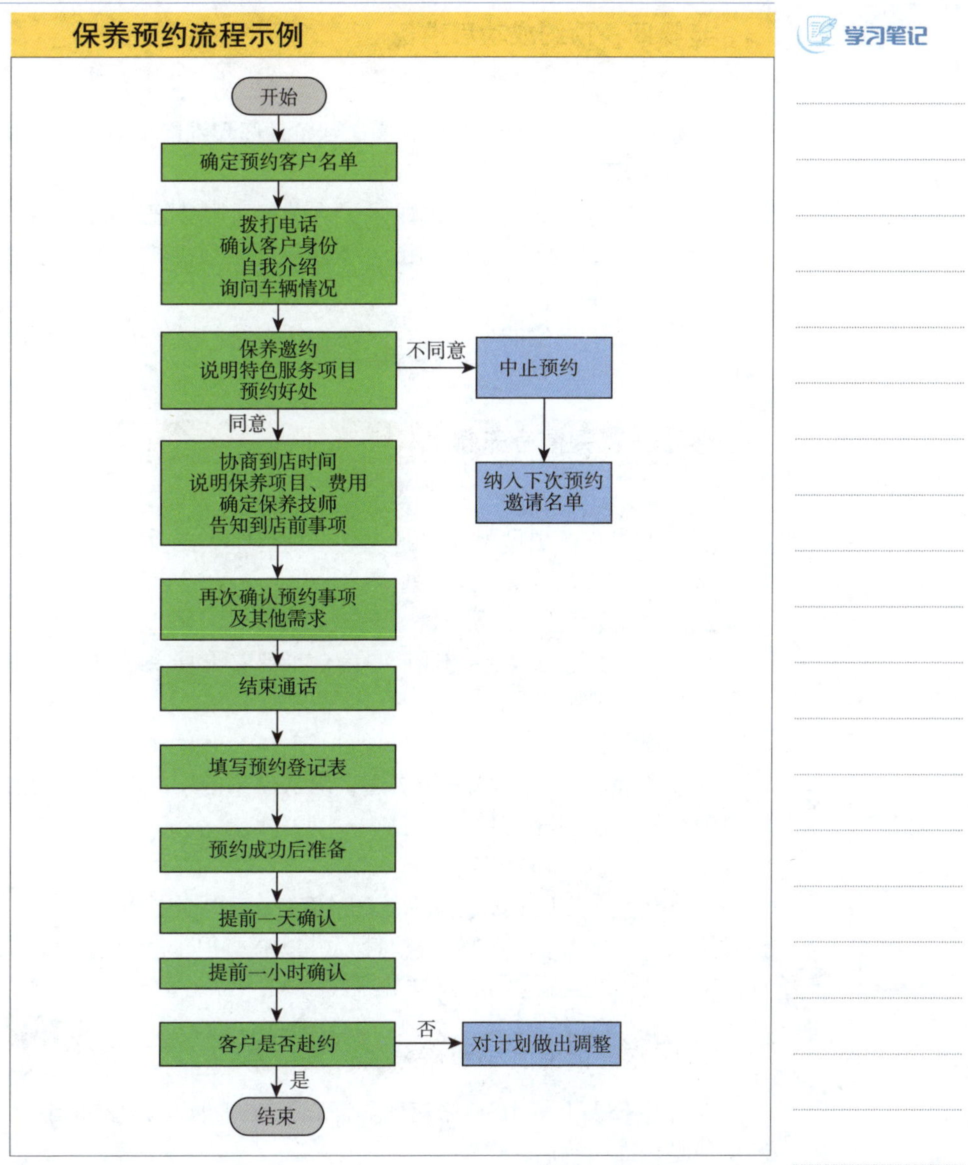

学习笔记

学习笔记

步骤四：预约成功后准备

1. 准备备件

服务顾问小李将预约登记表递送到备件部和维修车间。

2. 预留工位

小李将要预约的工位时间录入了汽车售后服务管理系统，系统显示该时间段有两个工位可用，小李给王先生预留了一个工位。

3. 安排保养技师

小李根据王先生的要求，与车间主任沟通，确定了保养技师陈明和郑志。

步骤五：提前一天确认

1. 确认保养技师

明日上午 9 点来做保养的张先生未指定保养技师，小李与车间主任沟通后安排了保养技师刘宇。

2. 确认专用工具以及技术资料

小李与保养技师刘宇沟通后，确认了保养工具完好、保养手册完好及工位工作正常。

3. 确认备件

小李与备件部管理员小杨沟通，确认保养备件都有货，并已经单独存放在预约货架上。

4. 核对客户维修档案

小李从汽车售后服务管理系统的“客户车辆维修档案查询”中核对陈先生的车辆维修档案，查询有无上次提醒但未修理的项目。查询结果显示，陈先生没有这样的项目。

步骤六：提前一小时确认

陈先生今天上午 10 点来店保养，服务顾问小李需提前 1 小时确认他是否准时到店。

预约技巧提升

吸引顾客	热情邀请	预约时
• 使用礼貌性问候语 • 适时巧妙介绍自己 • 获取顾客信息 • 用语言表达服务专业性 • 用声音表达服务态度	• 了解顾客需求 • 邀约需提供两个可供选择的时间段 • 向顾客展示预约便捷性	• 明确预约时间 • 引导性提问 • 再次推荐自己及品牌 • 归纳、复述预约内容

预约作业接待

客户在约定时间准时来店	服务顾问要在第一时间与客户打招呼，按照接车流程进行接车，并安排至预留工位，将维修/保养状态改为在修，在客户资料中增加客户服务信用权限积分，享受预约优惠
客户在约定时间未能准时来店，但在非约定时段来店，预留工位已被占用	服务顾问要按照接车流程进行客户接待，并优先安排客户在修，将维修/保养状态改为在修，客户资料仍按照成功预约登记，享受预约优惠
客户未在约定时段来店，但预留工位已做安排	服务顾问要按照接车流程进行客户接待，并优先安排客户在修，将维修/保养状态改为在修，客户资料仍按照成功预约登记，但不享受预约优惠
客户主动来电话变更预约时间	服务顾问需重新填写预约单，变更预约看板，并通知零件库房和维修车间，客户资料不变更
客户预约当日没有来店，也没有主动联系	服务顾问按爽约处理，需在预约看板中删除任务，并在当日下午与客户沟通了解客户爽约的原因，进行二次预约；在客户资料中进行爽约登记，降低客户服务信用权限积分

1. 电话确认

小李："陈先生，您好，我是美美 4S 店服务顾问小李，您在 4 月 23 日预约的今天上午 10 点来我店进行维护保养，请问您今天能准时到吗？"

陈先生："我得稍微晚一点到。"

小李："好的，陈先生，我们可以给您保留到预约时间点之后一个小时。如果超过一个小时，系统将不再当做预约处理，那样的话您就需要重新预约时间做保养了。您看您时间上是否可以？"

陈先生："我大约在 10 点 40 左右到店。"

小李："那好的，陈先生，我们稍后见！"

2. 确认备件、工具、保养人员、预约工位

小李与备件部和维修车间再次确认了备件齐全、工具完好、保养人员可及时到位、预约工位已保留。

步骤七：接待准备

1. 整理仪容仪表

（1）整理发型和妆容。

小李将长发扎成了马尾，画好了淡妆（见图 1-1-7）。

图 1-1-7　小李在检查妆容

（2）整理着装。

小李穿好衬衫和西服套装，穿好黑色矮跟船鞋，戴好丝巾和

仪容仪表要求

项目		男士	女士
头发		整洁干净	
发型		前不盖额头，侧不遮耳朵，后不及衣领	短发：前不遮挡眼部，干净、利落；长发：盘头、扎马尾
面部		整洁干净	整洁干净，化好淡妆
口腔		保持清洁，不要有异味	
手部		清洁，指甲无污垢，不戴夸张饰物，不做夸张美甲	
服装	样式	西装	套装 / 套裙
	颜色	黑、藏青、深蓝、灰	
	色彩	上下装色彩、面料一致	
	状态	上装要按标准扣好扣子，裤子长度为裤管盖住皮鞋	
衬衫	颜色	白色或蓝色，无图案	
	质地	纯棉或纯毛，或棉毛混纺	
	状态	衬衫放在裤腰 / 裙腰内，系好所有扣子	
饰品		领带下端正好触及腰带扣的上端	
胸牌		佩戴在左胸前	
鞋袜		深色皮鞋和深色袜子	黑色矮跟船式皮鞋，丝袜是裸色或者黑色
		鞋面干净，无灰尘污迹	

服务礼仪要求

- 微笑礼仪
- 称谓礼仪
- 介绍礼仪
- 握手礼仪
- 鞠躬礼仪
- 名片礼仪
- 递物与接物礼仪
- 服务手势

学习笔记

视频 1-2 迎接准备工作

视频 1-3 仪容礼仪

视频 1-4 仪表礼仪

学习笔记

服务顾问工牌（见图 1-1-8）。

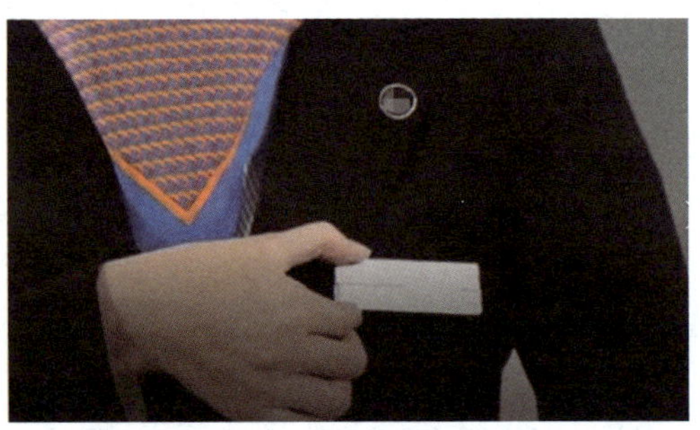

图 1-1-8　小李在佩戴工牌

（3）整理细节。

小李洗好了手，检查手部（见图 1-1-9），做好了口腔清洁。

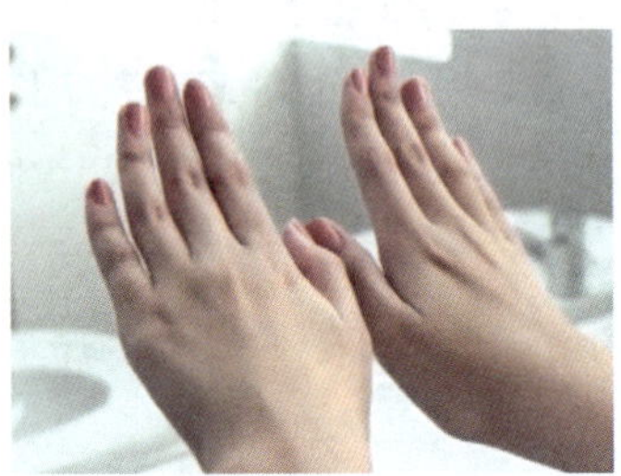

图 1-1-9　小李在检查手部

2. 整理文件资料、工作设施和用品

（1）确认工作单据。

小李将预约登记表、接车检查单、维修任务委托书、保养项目表、名片、笔夹到了写字板。

（2）确认接待前台计算机、打印机工作状态。

小李打开计算机和打印机，经过试打，确认计算机和打印机工作状态正常。

视频

1-5　微笑礼仪

微笑礼仪

- 应先调整自身情绪，眼睛微微含笑，使嘴角两端上扬，配合面部肌肉活动，形成微笑。
- 露出上排 6~8 颗牙齿，将下排牙齿隐藏于唇内，避免露出牙龈

称谓礼仪

称谓礼仪	
泛尊称	对男性一般称为“先生”，对女性一般称呼为“女士”。这种称谓在一般社交场合中均适用
职务性称谓	在公务活动中，可以以交往对象的职务相称。如“总监”“经理”“主任”“处长”“校长”等，以示身份有别，敬意有加
职衔性称谓	交往对象拥有社会上受尊重的学位、学术性职称、专业技术性职称等，可用职称、学衔相称，如“医生”“教授”等
顺序	供职单位、部门、职务、从事具体工作、本人姓名
时机	对方有空闲、情绪好、有兴趣时
时间	简洁，尽可能地节省时间，以半分钟左右为佳
状态	自然、友好、亲切，落落大方，充满自信
语音语速	口齿清晰，语速正常
辅助用具	名片、企业业务资料等

一屋不扫，何以扫天下

（3）确认对讲机、座机电话工作状态。

服务顾问小李查看对讲机、座机电话，工作状态正常。

（4）更新预约管理看板。

小李将陈先生的预约信息填写到了售后预约管理看板上（见图 1-1-10）。

售后预约管理看板

序号	车牌号	客户姓名	预约时间	预约项目	服务顾问	维修技师
1	吉A×××××	陈建	4.28 10点	常规保养	小李	王强 王伟
2						

图 1-1-10　更新后的售后预约管理看板

（5）准备汽车防护用品。

小李拿出汽车防护用品，与写字板放到了一起。

3. 整理环境

（1）整理汽车售后服务接待前台。

小李将接待前台整理干净，并在自己的接待办公桌上摆上了一束鲜花。

（2）整理客户休息区。

小李对沙发客户休息区的报纸、杂志进行了更新并摆放整齐；打开空调和灯光，温度和灯光都很适宜；检查了饮水机处的水和水杯，都很充足，饮水机能正常使用。对宽带客户休息区的计算机、音响设备都进行了调试。整理后的休息区干净整洁（见图 1-1-11 和图 1-1-12）。

图 1-1-11　沙发客户休息区

图 1-1-12　宽带客户休息区

握手礼仪

释义	人们在交往中彼此用于表达友好的常用的礼节，也是汽车商务人员在销售、服务的过程中重要的表达方式
要求	手部要清洁，相距一臂远。欠身伸右手，虎口要相交。 力度六七分，三五秒就够。微笑看对方，尊重你我他
时机	问候，介绍，感谢，告别
顺序	对于汽车服务人员来说，无论客户年长与否、职务高低或性别如何，都要等客户先伸出手

鞠躬礼仪

15° 鞠躬	30° 鞠躬	45° 鞠躬
15° 15°	30° 30°	45° 45°

名片礼仪

递送	名片正面朝向顾客，字朝向顾客，双手奉上
接受	双手接过，态度谦和，认真阅读，精心存放，有来有往
存放	放在桌子上或者自己的名片夹

递物与接物礼仪

纸杯	保持双手卫生，左手托底，右手握在杯口 1/3 处
水瓶	一手拿头部，一手托底部，双手递送给客户
笔	双手横拿递给顾客

学习笔记

视频
1-6　握手礼仪

视频
1-7　名片礼仪

视频
1-8　递笔礼仪

视频
1-9　递资料礼仪

学习笔记

视频
1-10 迎接客户

视频
1-11 指引手势

视频
1-12 引领手势

视频
1-13 保护手势

步骤八：迎接客户

1. 等待客户

服务顾问小李比与陈先生约定的时间提前了 10 分钟，带着事先准备好的文件资料和汽车防护用品来到服务停车区，等待陈先生的到来（见图 1-1-13）。

图 1-1-13 小李在迎接陈先生

2. 迎接客户

随着远处车辆的临近，小李根据车型和车牌号确认是陈先生，热情地将陈先生的车引导到停车位。陈先生停好车后，小李主动替陈先生打开车门，面带微笑问候陈先生，并做自我介绍（见图 1-1-14、图 1-1-15）。

小李："陈先生您好，欢迎光临美美 4S 店。我是服务顾问小李，这是我的名片，很高兴为您服务。"

图 1-1-14 小李为陈先生打开车门

图 1-1-15 小李在做自我介绍

服务手势规范

分类	要求	
指引	站在客人侧前方，身体微微前倾，肘部弯曲，掌心向上，小臂与手掌呈一条直线，向外横摆指向行进方向，手臂高度在胸以下	
请人就座	手臂以肘关节为轴，由上向下斜伸指向座位；另一只手自然垂放在身体一侧，或置于身后	
引领	手臂抬至齐胸高，以肘关节为轴，向外侧横向摆动，手指五指并拢，指尖指向物品或行进的方向。同时面带微笑，点头示意	
保护	一只手扶住车门，另一只手手臂抬至与车门齐高，手指微微并拢，手背抵住车门，手掌向下，防止客户在上下车门时碰撞到头部	

一屋不扫，何以扫天下

3. 询问客户

（1）复述客户预约内容并要得到确认。

小李："陈先生，您此次到店是要做 3 万公里的保养吧？"

陈先生："是的。"

（2）询问车辆的使用情况。

小李："陈先生，您在驾驶车辆过程中有没有异常现象？"

陈先生："没有。"

（3）提示客户出示保养手册和行驶证。

小李："麻烦您提供一下您的保养手册和行驶证。"

步骤九：环车预检

1. 安装护具

在环车检查前，小李当着陈先生的面安装了汽车防护用品（见图 1-1-16）。

小李："陈先生，我要为您的爱车装上汽车防护用品，防止在维护保养的过程中弄脏了您的爱车。"

图 1-1-16　小李在安装汽车防护用品

2. 检查车辆

（1）检查车内。

小李进入车内，查看了里程数、燃油量、仪表板的工作状况及刮水器、灯光、音响、空调的工作状况。在打开杂物箱之前先

环车预检位置示意图

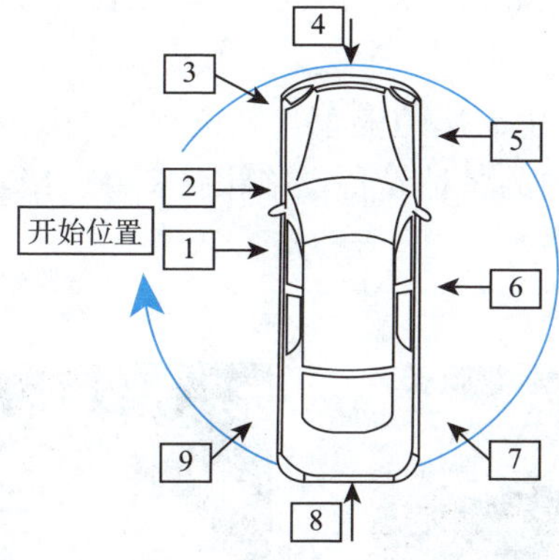

1—左侧车门；2—车内；3—左前侧；4—正前方；5—右前侧；
6—右侧车门；7—右后侧；8—正后方；9—左后侧

环车预检要求

- 在打开杂物箱之前一定要先征求客户同意。
- 在从车里出来之前，释放发动机舱盖拉锁和所有门锁。
- 提醒客户贵重物品要随身携带，不能携带的务必放到储物柜。
- 若需要进行路试或故障诊断，需请车间主任或维修技师来完成

汽车防护用品

根据品牌要求不同，可安装汽车防护三件套，即座椅套、转向盘罩、脚垫。或者安装五件套，即在三件套的基础上，加上变速杆套和驻车制动杆套，避免维修维护过程中破坏车辆卫生

视频

1-14　环车预检

学习笔记

征求了陈先生的同意，同时提醒陈先生将贵重物品随身携带，不能携带的可放到储物柜（见图 1-1-17）。

小李边检查边记录（见图 1-1-18）。之后，将检查情况告知了陈先生。

小李："陈先生，您的爱车行驶里程是 31 288 公里，油表在二分之一处，车内的各种设备设施状况良好。接着我们专业技师会为您做详细的检查。"

图 1-1-17　小李检查车内各种设备

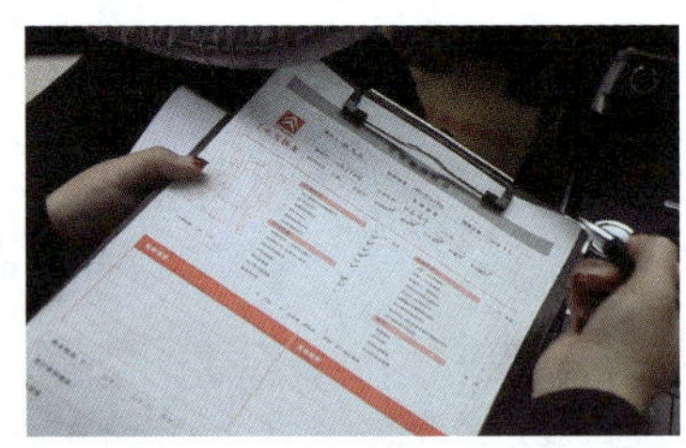

图 1-1-18　小李边检查边记录

（2）检查车辆外观。

小李邀请陈先生和他一起对左侧车门、左前侧、正前方、右前侧、右侧车门、右后侧、正后方、左后侧一一进行了环车检查，并做好了检查记录（见图 1-1-19 ~ 图 1-1-21）。

图 1-1-19　小李在检查记录车辆外观

图 1-1-20　小李在检查随车工具和备胎

环车预检内容	
车内检查	• 里程数、燃油量； • 仪表板、刮水器、灯光、音响、空调是否正常工作； • 杂物箱
车辆左侧车门	• 左侧车门及车身有无损伤； • 左侧前后门锁止是否正常及外观有无损伤； • 车架号与行驶证是否一致； • 刮水器是否硬化或有裂纹
车辆左 / 右前侧	• 左 / 右前翼子板、左 / 右侧发动机舱盖、左 / 右侧后视镜有无损伤； • 左 / 右侧风窗玻璃有无损伤； • 左 / 右前轮胎是否有不均匀磨损、裂纹； • 左 / 右前轮毂是否有损伤，轮毂盖是否遗失
车辆正前方	• 前照灯、前雾灯外观有无损伤； • 前悬架、正前方发动机舱盖有无损伤； • 进气格栅有无损伤； • 车标有无损伤； • 车牌有无损伤； • 发动机舱内的部件：风扇传动带是否老化，所有油液的存量和质量，机油或冷却液是否泄漏，橡胶软管是否老化，电线是否有磨损、脱落，蓄电池电解液高度等
车辆右侧车门	• 右侧车门及车身有无损伤； • 右侧前后门锁止是否正常及外观有无损伤； • 内饰板、地毯、座椅等是否损坏； • 贵重物品是否被遗忘在车内或地板上

一屋不扫，何以扫天下

接车检查单

车牌号	吉A×××××	车型	迈腾	接车时间	4.28 10:40
客户姓名	陈建	客户联系电话	138××××××××	车内无贵重物品	是☑ 否□
客户描述及预估维修项目					
没有什么异常现象					
关键项目检查（如异常，请备注）					
电子指示系统	正常☑ 异常□			接车里程数：31 288 公里	
车内功能键	正常☑ 异常□			油表位置：0 1/2 1	
点烟器	有□ 无☑				
备胎及随车工具	正常☑ 异常□				
是否洗车	是☑ 否□				
旧件是否带走	是□ 否☑				
其他需要检查项目及检查情况说明					
无					
车身外观及内饰检查（外观凹凸、破损、划痕请用○标记在图中，内饰破损或脏污请用△标记在图中）					
备注：车身多处划痕、凹坑，无法逐一记录 是□ 车辆外观较脏，暂不做外观检查 是□					
是否需要预检 是☑ 否□					
预检结果	外观无凹凸、破损、划痕，内饰无破损无脏污，车况良好				
1. 因车辆维修需要，有可能涉及路试，如有在路试中发生交通事故，按保险公司对交通事故处理方法处理；2. 已提醒客户将车内贵重物品带离车辆并得到妥善处理，如有丢失请客户自行负责					
服务顾问签名：小李			客户签名：陈建		

图 1-1-21　常规保养接车检查单填写示例

3. 介绍服务活动

小李："本次保养我们会免费给您的爱车添加玻璃水。"

车辆左/右后侧	• 左/右后侧轮胎是否有不均匀磨损、裂纹； • 左/右后侧轮毂有无损伤，轮毂盖是否遗失； • 左/右后侧风窗玻璃有无损伤
车辆正后方	• 行李舱盖、后保险杠有无损伤； • 后风窗玻璃有无损伤； • 车牌有无损伤； • 尾灯外观有无损伤； • 行李舱内是否有贵重物品、备胎及随车工具是否齐全

接车检查单填写要求

- 环检过程中一边检查一边要及时填写。
- 对客户的故障陈述及要求要详细记录。
- 引导客户讲述故障发生时的相关状况并做记录。
- 前台无法立即诊断时，填写需车间检测的内容，由车间帮助诊断。
- 车间根据客户陈述及检测建议进行诊断，将问题原因及故障零部件填写在接车检查单上。
- 接车时对外观进行详细确认，并做相应的记录及文字说明。
- 接车员在接车时要详细确认各功能状况，如实记录确认结果。
- 接车时检查车内物品，提醒客户贵重物品要妥善保管，并如实记录。
- 对于需先进行诊断的故障，如果有检测费用，则在接车检查单上写明，并请客户确认。
- 诊断后，将接车检查单上的信息向客户作说明，请客户签字确认。
- 接车检查单一般是一式两份，其中一份由车主保管，另一份由企业保管

学习笔记

学习笔记

任务测评

一、知识测评

确定本任务关键词，按重要程度进行关键词排序并举例解读。

根据自己对重要信息捕捉、排序、表达、创新和划分权重能力进行自评，满分 100 分，见表 1-1-1。

表 1-1-1　保养预约与接待知识测评表

序号	关　键　词	举 例 解 读	评分自定
1			
2			
3			
4			
5			
总分			

二、能力测评

对表 1-1-2 所列作业内容，操作规范即得分，操作错误或未操作得零分。

表 1-1-2　保养预约与接待能力测评表

序号	能　力　点	配分	得分
1	保养预约	25	
2	填写预约登记表	25	
3	环车预检	25	
4	填写接车检查单	25	
总分		100	

三、素养测评

对表 1-1-3 所列素养点，做到即得分，未做到得零分。

表 1-1-3　保养预约与接待素养测评表

序号	素　养　点	配分	得分
1	规范服务，增强客户信任	20	
2	良好礼仪，提升客户好感度	20	
3	清晰表达，与客户良好沟通	20	
4	场地“5S”，创造良好接待环境	20	
5	真诚接待，提供细致贴心的服务	20	
总分		100	

四、拓展训练

（1）通过查询汽车售后服务管理系统，确定需要致电提醒李先生做 2 万公里保养，请你完成此次保养预约，并填写好预约登记表（满分 25 分）。

（2）李先生按照预约时间来到 4S 店做维护保养，作为服务顾问，应该怎样接待李先生呢（满分 25 分）？

（3）请按照图 1-1-22 所示思维导图格式，对保养预约与接待的学习收获进行总结，同时结合整理寝室经验谈谈对“从小事做起”的理解（满分 50 分）。

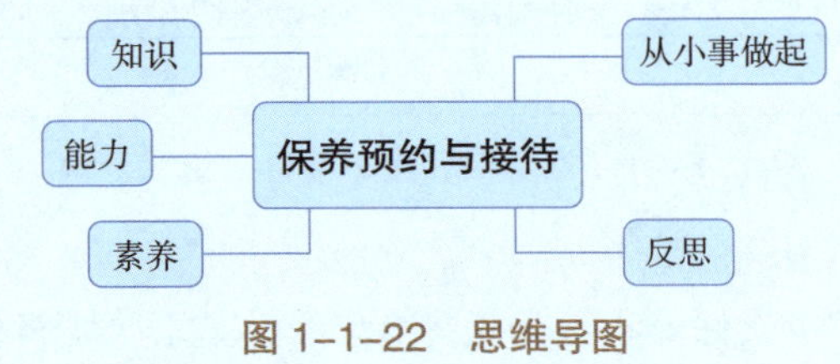

图 1-1-22　思维导图

一屋不扫，何以扫天下

学习笔记

任务二　制单与保养

职业行动

步骤一：作业准备

1. 工作地点

选择汽车售后服务中心的售后接待前台、客户休息区、维修车间。

2. 工作设施

办公电话、办公桌、座椅、计算机、打印机、对讲机。

3. 工具用品

写字板、笔、汽车防护用具、接车检查单、任务委托书。

步骤二：制单

1. 重回接待前台

服务顾问小李："陈先生，经过预检，您的车没有什么问题，请随我来。"小李引导陈先生重新回到汽车售后服务接待前台。

小李："陈先生，您请坐。"小李为陈先生拉开椅子（见图 1-2-1）。

图 1-2-1　小李为陈先生拉开椅子

2. 确认保养项目

小李在和陈先生一起验车后，和陈先生确认此次保养项目。

小李："陈先生，和您确认一下此次保养项目。本次保养我们

职业知识

车辆保养 / 维修费用构成及估算费用方法

费用构成	估算费用方法
材料费用	• 指在车辆维修过程中更换、修理零配件以及使用耗材所发生的费用。 • 零配件和原材料的价格取决于实际购入价格和合理的进销差率。 • 进销差率由维修企业自行确定，并按规定告知客户
工时费用	• 指维修工人在维修时需要的时间和费用。 • 在实际工作中，汽车维修企业对外多以工时定额及单价向客户计费，对内则多将完成的定额工时作为班组或技工个人计核其提成收入的依据。 • 工时费用的计算公式是：工时费用 = 工时定额 × 工时单价 × 该车型的技术复杂系数（车型技术复杂系数有的地区未采用）
外加工	• 指受本企业有关技术条件限制，在维修过程中需委托其他企业进行加工或制造的零配件，如在维修中进行喷镀、电镀、热处理、安装生活电器（如音响、电视、冰箱）以及实施特殊加工工艺等，其费用按外加工单位发票金额为准。 • 凡属于规定的维修项目以内的，一律不得以外加工形式重复收费

视频

1-15　确认维修项目

学习笔记

将给您的爱车做一个全车检查，更换机油以及机油滤清器。”

陈先生：“可以。”

3. 估算费用

服务顾问小李为了陈先生清楚保养费用构成，详细说明了各项费用。

小李：“陈先生，我给您估算了一下费用，本次 3 万公里保养做一个全车的检查，工时费是 80 元。除此之外，需要更换机油 138 元、机油滤清器 13 元，合计是 231 元。”

4. 询问客户旧件处理方式

小李：“陈先生，保养更换下来的旧件，您还需要带走吗？”

陈先生：“不需要，你们处理吧。”

小李：“好的，陈先生。”

5. 询问客户是否接受免费洗车服务

小李：“除此之外，陈先生，我们还提供免费洗车服务，您看您要不要洗车？”

陈先生：“好的。”

6. 估算保养时间

小李：“整个保养的时间大约需要 1 个小时，洗车需要 20 分钟。这样的话整个时间大约是 1 个半小时。”

7. 录入系统，打印任务委托书

小李将费用构成、旧件处理方式、是否接受免洗服务、预交车时间等信息录入汽车售后服务管理系统，并打印出任务委托书。

8. 请客户确认、签字

小李指向任务委托书客户签字确认位置，对陈先生说：“那现在麻烦您帮我签字确认一下，并留下您的联系电话。”

9. 增项告知

小李：“这只是给您做的一个估算价格。如果在保养过程中，

任务委托书式样

任务委托书 编号：

维修单位		车辆进站时间	年 月 日 时		服务顾问			
客户信息	□车主 □送修人	地址				联系电话		
车辆信息	车牌号	车型	VIN		发动机号		里程数	
作业信息	维修开始时间：年 月 日 时	预计交车时间：年 月 日 时	付款方式：□现金 □信用卡 □其他			非索赔旧件是否带走：□是 □否		
互动检查	是否有贵重物品：是□ 否□		油箱油量	□空 □<1/4 □半箱 □<3/4 □满箱				
外出救援：是□ 否□	救援里程（往返）：（公里）		救援到达时间：					
车身状况漆面检查，损伤部位下图标准			检查结果					
			车身检查					
			车内检查					
			发动机仓					
			底盘检查					
客户须知 1. 客户提供的资料、信息真实有效 2. 维修完成时间以通知客户接车时间为准 3. 客户应在接到通知2小时内接车 4. 客户违反“客户须知”产生的风险和损失客户本人自愿承担	客户故障描述							
客户确认：本人已阅知并理解上述内容。	客户签字：							
维修项目	维修项目	备件	是否索赔	材料费	工时费	小计	维修人	检查人
			是 否					
			是 否					
			是 否					
			是 否					
			是 否					
	预估费用：		费用小计					
客户确认以上维修项目及费用：								
新增维修项目	维修项目	备件	是否索赔	材料费	工时费	小计	维修人	检查人
			是 否					
			是 否					
			是 否					
			是 否					
	预估新增维修时间：		费用小计					
	预估新增维修费用：							
客户确认以上维修项目及费用：								
索赔费用		自费费用		维修总费用		交通补偿费用（元）：		
质检员签字（盖章）：	智能用户接车方式	现场 短信 电话	通知用户接车时间	年 月 日 时	实际交车埋单	年 月 日 时		
客户评价	□满意	□不满意	不满意原因：□服务接待 □备件保供	□服务环境 □维修收费	□检修质量 □产品质量	□维修时间		
本人确认以上内容与本人委托需求一致并已提车。				客户签字：				

备注：此表一式三联，客户、维修、财务各一联

我们的技师发现了其他问题会马上通知您，和您协商，征得您的同意后，我们再继续作业。”

10. 交付任务委托书

小李将作为取车凭证的任务委托书客户联交与客户。

小李："这个请您拿好，取车时会用到它。”

11. 告知客户预计交车时间

小李:“现在是11点半,大概1点左右能将您的爱车交还与您。”

陈先生："好的，知道了。”

步骤三：安排客户休息

1. 引领客户到休息区

小李："那现在我带您到休息室休息，请跟我来。”

小李："陈先生，请坐。”

2. 提供饮品

小李："陈先生，我们这里有咖啡、果汁、绿茶等。您看您需要哪一种？”

陈先生："给我来瓶矿泉水吧。”

小李："好的，请慢用。”小李为陈先生递上了矿泉水（见图 1-2-2）。

图 1-2-2　小李为陈先生递上矿泉水

双人快保

具体检查内容	A 技师	B 技师
灯光检查	在驾驶舱内，根据 B 技师灯光操手势完成	完成灯光操，如有灯光故障，手势告知 A 技师
驾驶舱内检查 + 发动机舱检查	在驾驶舱内打开三盖（机舱盖、行李舱盖、油箱盖）开关，启动发动机，完成空调、变速箱排挡杆位置和离合器、喇叭、风窗玻璃、各仪表功能及各仪表指示灯、室内灯、阅读灯、天窗及音响、刮水器、中控锁、左右后视镜、安全带锁止、驻车制动、制动踏板等项目检查	完成发动机舱内完成机油液位置及渗漏、油路、管路、电器线路、刮水器洗涤液、防冻液、转向助力油液等项目检查
轮胎周围检查	完成后车轮轮胎气压目测、胎面槽清理、轮胎花纹深度测量	完成前车轮轮胎气压目测、胎面槽清理、轮胎花纹深度测量
底盘检查	在底盘后部完成排放系统、后悬架、驻车系统等项目检查，完成汽油滤清器更换	在底盘前部完成机油、机油滤清器更换，完成变速箱、驱动轴内外防尘套等项目检查
车轮车身检查 + 发动机舱最终检查	完成左前后轮制动片厚度测量及必要时的更换，车门、行李箱、安全带检查和车轮螺母加力矩	完成右前后轮制动片厚度测量及必要时的更换，发动机舱最终检查

学习笔记

视频

1-16　客户安排

学习笔记

3. 介绍休息区

小李："我们这边有免费的上网区和阅读区，您可以拿出你的手机扫一扫桌面上的二维码，就可以连接免费的 Wi-Fi。如果有什么需要的话，还可以和我们的吧台服务员联系。"

陈先生："好的，知道了。"

小李："那行，那我现在去安排您的爱车。有什么问题可以到接待前台去找我，也可以打我的电话。"

陈先生："好的。"

步骤四：派工保养

1. 移动车辆

服务顾问小李通知车间主管杨明提车进入工厂保养。

2. 工作交接

小李需主动与车间主管沟通保养内容、客户状态、交车时间。

小李:"杨主管，吉 A1××× 车辆做了 3 万公里常规保养，客人在店内等候，下午 1 点前交车，有什么事情再通知我。"

杨主管："好的。"

3. 维护保养

杨主管依据客户要求以及任务委托书的保养内容，安排了技师王强和王伟来做保养。

4. 保养作业

保养技师王强和王伟进行领料和保养操作。

5. 质量检验

（1）过程检验；

（2）保养现场整理；

（3）竣工检验；

（4）清洁车辆。

车间派工工作要求

- 应严格按照任务委托书的维护保养项目进行维护保养；
- 任何对任务委托书的修改都需经客户同意；
- 发现任务委托书维护保养项目与实际不符或发现客户没发现的问题，应及时向服务顾问汇报；
- 根据服务顾问对反馈的问题，应重新估算价格和时间，及时通知客户并征求客户的意见，得到确认后，更改任务委托书并通知车间技工；
- 车间技工在工作过程中应按保养手册要求操作；
- 应按照要求使用专用工具和检测仪器；
- 应使用维修资料进行诊断和工作；
- 服务顾问应监控维护保养进程，将变化及时通知客户；
- 应根据维护保养项目领取备件；
- 应主动为客户处理一些小的故障；
- 应遵守任务委托书上和客户约定的内容；
- 应爱护客户的财产，工作中使用保护装置；
- 应遵守安全生产的有关规定；
- 遇到技术难题应向技术专家求助；
- 确认所有工作完成后，应进行严格自检；
- 应完成任务委托书的维护保养报告等内容并签字

有意擦去的一块污渍，净化的是自己的灵魂

学习笔记

任务测评

一、知识测评

确定本任务关键词，按重要程度进行关键词排序并举例解读。

根据自己对重要信息捕捉、排序、表达、创新和划分权重能力进行自评，满分 100 分，见表 1-2-1。

表 1-2-1 制单与保养知识测评表

序号	关 键 词	举 例 解 读	评分自定
1			
2			
3			
4			
5			
总分			

二、能力测评

对表 1-2-2 所列作业内容，操作规范即得分，操作错误或未操作得零分。

表 1-2-2 制单与保养能力测评表

序号	能 力 点	配分	得分
1	估价估时	25	
2	制作任务委托书	25	
3	派工	25	
4	保养	25	
总分		100	

三、素养测评

对表 1-2-3 所列素养点，做到即得分，未做到得零分。

表 1-2-3 制单与保养素养测评表

序号	素 养 点	配分	得分
1	安全作业，无安全隐患	20	
2	保护环境，无乱扔乱倒	20	
3	规范标准，无野蛮操作	20	
4	团队协作，无不洽关系	20	
5	场地“5S”	20	
总分		100	

四、拓展训练

（1）请练习完整填写一份保养任务委托书（满分 25 分）。

（2）根据任务委托书，进行派工及保养安排（满分 25 分）。

（3）请按照图 1-2-3 所示思维导图格式，对制单与保养的学习收获进行总结，同时结合整理教室的方法，谈谈“制单与保养”对个人素质有什么特别的要求（满分 50 分）。

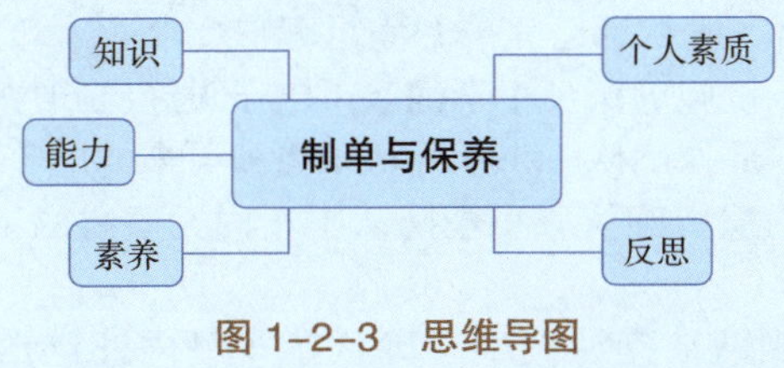

图 1-2-3 思维导图

学习笔记

任务三　交车与回访

职业行动

步骤一：作业准备

1. 工作地点

汽车售后服务中心的交车区、汽车售后服务接待前台、汽车售后服务客服部。

2. 工作设施

办公电话、办公桌、座椅、计算机、打印机、对讲机。

3. 工具准备

写字板、笔、任务委托书、结算单、回访记录表。

步骤二：交车准备

1. 移动车辆

服务顾问小李接到了洗车人员通知，陈先生的车辆已清洁并已移至交车区。小李来到了交车区，洗车人员将车钥匙及车辆交给了小李。

2. 确认竣工车辆状况

（1）书面确认。小李查看了“任务委托书”，确认客户委托的所有项目都已完成。

（2）实车确认。小李实车核查“任务委托书”上客户委托的所有保养项目，确认都已完成并满足客户要求。

（3）电子设施确认。小李确认了电子设施已归位。

（4）旧零部件确认。小李确认了更换下来的旧零部件。

（5）车内遗留确认。小李确认了车内无遗留的工具、抹布以及螺母、螺栓。

（6）车辆清洁确认。小李确认了车辆内外已清洁干净，见图 1-3-1。

职业知识

内部交车车辆准备要求

- 在维护保养过程中如果拆卸过收音机或者调整过收音机频段，在保养完毕之后应调回到原来频段。
- 在驾驶室调整之前应做好原位置标志，当维修工作结束之后，应按照原位置标志恢复到驾驶室座椅原来的位置。
- 汽车人员洗车时需要对前、后风窗玻璃，主、副仪表板，左外、车内、右外后视镜等重点部位进行认真、仔细地清洗擦拭，确保不出现漆面划伤等情况。
- 汽车人员在车辆内部清理时，需重点清洗驾驶室、行李箱、发动机舱等部位。
- 对于烟灰缸、地毯、仪表等部位的灰尘，洗车人员需多清理几次，确保干净。
- 车辆清洗完毕后，需由专人驾驶停放到竣工车停放区，车辆摆放要整齐，并盖上车罩，车头向外，便于交车时客户驶出停车场。
- 内部交车时有任何不清楚的地方，应询问保养技师

交车与结算工作要点

- 与客户一起验车前，服务顾问要亲自确认竣工车辆状况。
- 交车时应尽量由原来的服务顾问进行交付。
- 交车时服务顾问应告知客户需维修但未修理的项目。需立即进行修理的项目特别是涉及安全的项目，要做好记录，并请客户签字确认。
- 交车时，服务顾问应回答客户的任何问题，并对客户在维修或费用方面存在的不满立即做出响应。
- 当车辆保养好后，结算单也应马上准备好。
- 服务顾问应对客户来店进行车辆维护表示感谢。
- 在整个服务过程中，服务顾问应有礼貌、友好热情

图 1-3-1　小李在确认车辆状况

3. 打印结算单

（1）服务顾问小李逐条核对了保养费用，包括工时和零件价格。

（2）小李在汽车售后服务管理系统中打印了结算单，并再次核对结算单上的内容无误。

4. 通知客户

一切准备就绪之后，小李将打印出的结算单夹到写字板上，带着结算单到客户休息室找到了陈先生，通知陈先生可以交车了。

小李："您好，陈先生。让您久等了。您的车辆已经保养完成了。3 万公里的保养已经做好，车也为您洗好了。现在请您和我一起去看一下您的车。"

步骤三：验车结算

1. 陪同客户验车

小李陪同陈先生一起验车，展示保养效果，确认客户满意。

小李："我们再看一看发动机机油。陈先生您看，机油已经为您更换完毕，并且在两点之间。"

陈先生："好的。"

结算单式样

结算日期：

客户名称		委托书号		发票号	
底盘号		送修日期		牌照号	
车型名称		行驶里程		发动机号	
联系人		电话		移动电话	

维修项目

维修类别	项目代码	项目名称	工时	工时费

应收工时费：　　　　实收：

配用材料

出库类别	备件代码	备件名称	批号	数量	单位	金额

管理费：　　　　辅材费：　　　　其他费用：
施救费：　　　　包工费：

总金额		已收金额		欠收金额	
共计收款		大写			

地址：　　　　　　　　　　　　　开户行：
邮编：　　　　服务经理：　　　　账　号：
电话：　　　　　　　　　　　　　税　号：
结算：　　　　　　　　　　　　　户　号：
说明：感谢您的光临，祝您一路平安！　下次维护里程：　　km
是否接受回访：是□ 否□
下次维护时间：
方便接电话时间：

建议维修项目

项目代码：　　　项目名称：　　　工时费：　　　工时：

客户签名：________

学习笔记

视频

1-17　交车作业

学习笔记

2. 介绍增值服务项目

小李："陈先生您看，玻璃水也已经免费帮您更换好了。"

陈先生："谢谢。"

3. 再次询问旧件处理

小李："陈先生，这些是为您的爱车更换下来的旧件，我为您处理了吧？"

陈先生："你们处理吧。"

4. 再次说明费用，签字确认

小李向陈先生再次说明结算单的每项费用，确认没有问题后，请陈先生在结算单上签字确认。

小李："陈先生，您请坐。我再次跟您确认一下，您本次做的是 3 万公里的保养，更换了机油和机油滤芯。其中机油是 138 元，机油滤芯是 13 元，工时费是 80 元，一共花费 231 元。还有不清楚的地方吗？"

陈先生："没有。"

小李："好的，那麻烦您帮我在结算单上签字确认一下。"

5. 介绍最新活动

小李："陈先生，我们这最近有一个活动。有一个保养综合优惠套餐。您可以预存 500 元，以后来保养的话，为您打 85 折。您看您需要吗？"

陈先生："先不需要了。"

6. 询问付款方式，完成结账

陈先生在结算单上签字后，小李陪同陈先生到收银台结账。

小李："陈先生，请问您现金付款吗？还是微信、支付宝付款呢？"

陈先生："微信吧。"

小李："好的，陈先生。我带您到收银台付款。".

验车时需向客户说明的内容

- 详细说明每个维护保养项目的工作过程及结果，包括故障原因分析及故障处理方法和更换的零件。
- 详细说明维护保养费用，包括总费用、总零件费、总工时费，以及每项工作分别包含的零件费、工时费。
- 根据"委托书"上的"建议维修项目"向客户说明这些工作是被推荐的，并记录在"结算单"上，以备将来参考。
- 向客户介绍增值服务项目，说明已经完成且是免费的。
- 服务顾问需告知客户可以试车，如有什么问题可以及时帮助解决。
- 请客户确认更换下来的零部件（不含保修零件）并询问对其处理方法。
- 如果客户要带走旧件，为客户包装好，并放在客户指示的位置。
- 如果客户不需要旧件，服务顾问放于指定的地方，由维修服务中心负责将旧件进行处理

常见免费服务项目

- 更换熔断器。
- 轮胎及备胎磨损情况、胎面和气压检查，胎压调整。
- 随车工具检查。
- 制动碟片和制动盘检查。
- 制动液液面和品质检查。
- 电瓶电解液高度检测、电瓶电压检测、电瓶极柱清洁。
- 机油液面和品质检查。
- 防冻液液面高度和浓度检查，添加防冻液。
- 添加玻璃水。
- 机械部分加注润滑油。
- 前照灯、雾灯、转向灯、制动灯和仪表报警灯检查。
- 转向助力功能、助力油油位和品质，以及横拉杆状态检查。
- 底部防护层和底饰板检查，螺栓紧固检查并紧固松动螺栓

步骤四：交车送别

1. 归还保养手册、行驶证和车钥匙

小李在陈先生付款结束后，与陈先生做最后的交车工作。

小李:“陈先生,这是您的保养手册、行驶证和车钥匙,请您收好。”

2. 取下汽车防护用品

小李当着陈先生的面，取下汽车防护用品。

小李:“陈先生,我现在要取下汽车防护用品,麻烦您稍等一下。”

3. 提醒客户

小李向陈先生说明下次保养的时间和公里数以及今后车辆使用方面的建议。

小李：“您的爱车下次保养时间是5万公里，您到时候提前联系我，我为您预约登记，并且为您预留工位配件和维修技师，这样可以节省您很多时间。另外，用车过程中有任何问题都可以给我打电话，如有需要，可以拨打我们的救援电话，我们的救援电话24小时为您服务。”

4. 客户满意度调查

小李询问陈先生是否有时间做一个客户满意度调查问卷。

小李：“陈先生，耽误您一点时间，麻烦您填写一个满意度调查问卷。”

陈先生：“好的。”

5. 告知电话回访

小李：“陈先生，我们还会在三天之内对您进行电话回访。不知道您什么时候接听电话比较方便呢？”

陈先生：“下午给我打电话吧，我一般下午不怎么忙。”

小李：“好的，陈先生。”

6. 送别

小李送陈先生到汽车旁，目送陈先生车辆驶离出店，见图1-3-2。

小李：“陈先生，请慢走，再见。”

客户满意度调查表式样

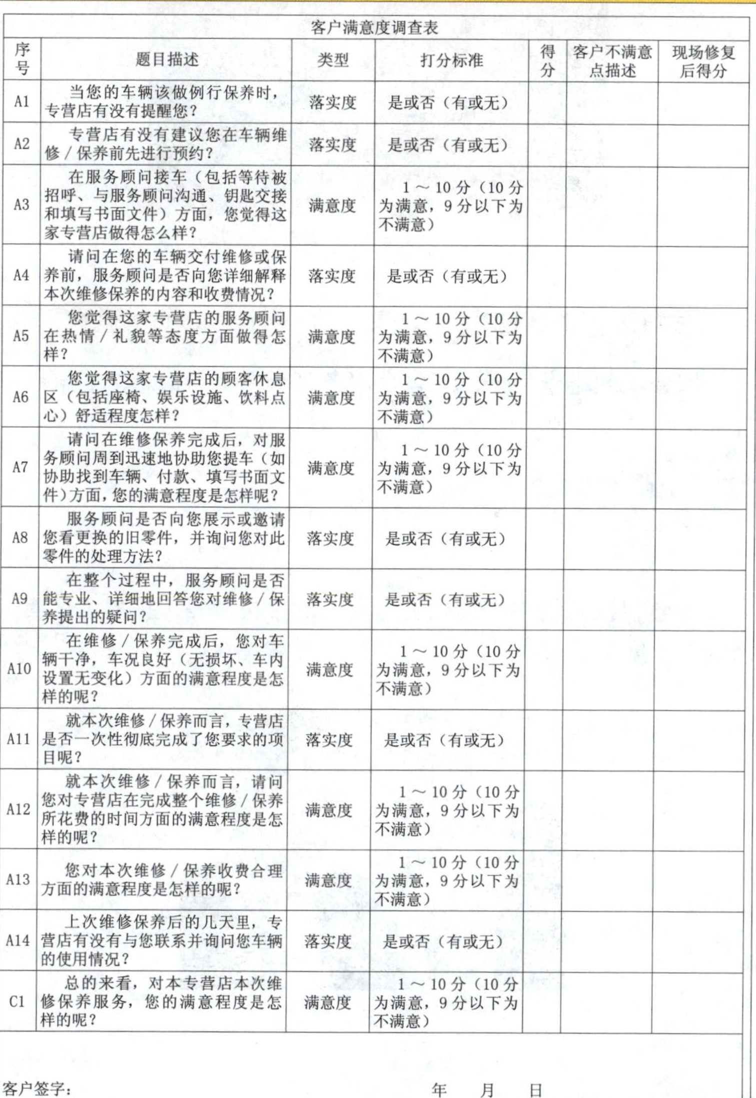

客户满意度调查表

序号	题目描述	类型	打分标准	得分	客户不满意点描述	现场修复后得分
A1	当您的车辆该做例行保养时，专营店有没有提醒您？	落实度	是或否（有或无）			
A2	专营店有没有建议您在车辆维修/保养前先进行预约？	落实度	是或否（有或无）			
A3	在服务顾问接车（包括等待被招呼、与服务顾问沟通、钥匙交接和填写书面文件）方面，您觉得这家专营店做得怎么样？	满意度	1～10分（10分为满意，9分以下为不满意）			
A4	请问在您的车辆交付维修或保养前，服务顾问是否向您详细解释本次维修保养的内容和收费情况？	落实度	是或否（有或无）			
A5	您觉得这家专营店的服务顾问在热情/礼貌等态度方面做得怎样？	满意度	1～10分（10分为满意，9分以下为不满意）			
A6	您觉得这家专营店的顾客休息区（包括座椅、娱乐设施、饮料点心）舒适程度怎样？	满意度	1～10分（10分为满意，9分以下为不满意）			
A7	请问在维修保养完成后，对服务顾问周到迅速地协助您提车（如协助找到车辆、付款、填写书面文件）方面，您的满意程度是怎样呢？	满意度	1～10分（10分为满意，9分以下为不满意）			
A8	服务顾问是否向您展示或邀请您看更换的旧零件，并询问您对此零件的处理方法？	落实度	是或否（有或无）			
A9	在整个过程中，服务顾问是否能专业、详细地回答您对维修/保养提出的疑问？	落实度	是或否（有或无）			
A10	在维修/保养完成后，您对车辆干净，车况良好（无损坏、车内设置无变化）方面的满意程度是怎样的呢？	满意度	1～10分（10分为满意，9分以下为不满意）			
A11	就本次维修/保养而言，专营店是否一次性彻底完成了您要求的项目呢？	落实度	是或否（有或无）			
A12	就本次维修/保养而言，请问您对专营店在完成整个维修/保养所花费的时间方面的满意程度是怎样的呢？	满意度	1～10分（10分为满意，9分以下为不满意）			
A13	您对本次维修/保养收费合理方面的满意程度是怎样的呢？	满意度	1～10分（10分为满意，9分以下为不满意）			
A14	上次维修保养后的几天里，专营店有没有与您联系并询问您车辆的使用情况？	落实度	是或否（有或无）			
C1	总的来看，对本专营店本次维修保养服务，您的满意程度是怎样的呢？	满意度	1～10分（10分为满意，9分以下为不满意）			

客户签字：　　　　　　　　　　年　　月　　日

学习笔记

图 1–3–2 小李目送陈先生离开

步骤五：电话回访

服务顾问小李根据汽车售后服务管理系统的信息，了解到今日要对昨日来做保养的房女士进行电话回访。

1. 回访准备

小李在拨打电话之前，准备好回访记录表。

2. 电话回访

小李根据系统中查询到的房女士的手机号码，拨通了房女士的电话（见图 1-3-3）。

图 1–3–3 小李在给房女士做回访

回访客户的基本要求

- 必须保证车辆在修后交车 72 小时内对每一位客户进行电话关怀，了解修后车辆是否处于良好的状态。
- 打电话要避开客户不方便接听的时间。
- 使用规范语言，发音要自然、友善。
- 进行电话回访的工作人员要懂基本维修常识、懂沟通及语言技巧。
- 不要讲话太快，给没有准备的客户一定时间和机会回忆细节，也避免客户觉得你很忙。
- 不要打断客户的讲话，记下客户的评语（批评、表扬）。
- 对客户的不合理要求进行解释。
- 耐心听取具体投诉原因，表示真诚的道歉，记录客户投诉的原话，并通过重复验证准确性，及时将客户的投诉制作客户抱怨 / 投诉处理表，督促和落实客户投诉处理。
- 如果客户有抱怨，不要找借口搪塞，告诉客户你已记下他的意见，并让客户相信只要他愿意，有关人员会与他联系并解决问题。
- 回访对象必须是各种类型的客户，对象越多越具有代表性；维修费用的多少也可以作为一个衡量标准。
- 电话跟踪的结果必须有记录。
- 对跟踪的情况进行分析并采取改进措施。
- 对有问题或抱怨的客户进行妥善的跟踪处理。
- 跟踪服务工作由服务顾问专员担任

视频

1-18 跟踪回访服务流程

5S 是经久不衰的现代企业管理模式

（1）确认是否是房女士，做自我介绍。

小李：“您好，请问是房女士吗？”

房女士：“我是。”

小李：“我是美美 4S 店的服务顾问小李。感谢您前几日来我店进行维修保养。今天给您打电话，是想做一个售后服务的跟踪回访。”

房女士：“你说吧。”

（2）说明拨打电话的目的，并询问房女士车辆的使用情况以及她的需求和建议。

小李：“房女士，请问您在 2021 年 4 月 25 日做完保养后，现在车辆使用情况是否一切正常？”

房女士：“没什么问题。”

小李：“请问您对我们的工作是否有其他意见或建议？”

房女士：“没有。”

小李：“请问我们的工作人员是否提醒您下次保养时间？”

房女士：“提醒了。”

（3）通话的同时，根据房女士的回答，如实填写回访记录表。

a．填写好客户基本资料。

b．填写好跟踪情况。

c．填写好客户的需求和建议。

（4）回访结束，房女士挂断电话后，小李才放下电话。

小李：“谢谢您的配合，再见。”

房女士：“再见。”

3．回访结果汇报

小李将电话回访结果汇报给服务经理。

电话回访记录表式样

<table>
<tr><th colspan="8">电话回访记录表</th></tr>
<tr><td rowspan="2">客户情况</td><td colspan="2">姓名</td><td>车号</td><td colspan="2">车型</td><td colspan="2">电话</td></tr>
<tr><td colspan="2"></td><td></td><td colspan="2"></td><td colspan="2"></td></tr>
<tr><td rowspan="4">跟踪情况</td><td colspan="2">跟踪日期</td><td></td><td colspan="2">是否全部满意</td><td colspan="2"></td></tr>
<tr><td colspan="7">不满意项目</td></tr>
<tr><td>保养质量</td><td>保养速度</td><td>服务态度</td><td>工时价格</td><td>配件价格</td><td>配件质量</td><td>其他</td></tr>
<tr><td></td><td></td><td></td><td></td><td></td><td></td><td></td></tr>
<tr><td colspan="8">用户建议、批评或表扬</td></tr>
<tr><td>处理情况</td><td colspan="7">□回答　□返工　□完成</td></tr>
<tr><td colspan="8">填表人：　　　　时间：</td></tr>
</table>

学习笔记

学习笔记

任务测评

一、知识测评

确定本任务关键词，按重要程度进行关键词排序并举例解读。

根据自己对重要信息的捕捉、排序、表达、创新和划分权重能力进行自评，满分 100 分，见表 1-3-1。

表 1-3-1　交车与回访知识测评表

序号	关　键　词	举 例 解 读	评分自定
1			
2			
3			
4			
5			
总分			

二、能力测评

对表 1-3-2 所列作业内容，操作规范即得分，操作错误或未操作得零分。

表 1-3-2　交车与回访能力测评表

序号	能　力　点	配分	得分
1	交车	20	
2	填写结算单	30	
3	拨打回访电话	20	
4	填写回访记录表	30	
总分		100	

三、素养测评

对表 1-3-3 所列素养点，做到即得分，未做到得零分。

表 1-3-3　交车与回访素养测评表

序号	素　养　点	配分	得分
1	场地“5S”	20	
2	规范操作	20	
3	良好礼仪	20	
4	细心沟通	20	
5	团队协作	20	
总分		100	

四、拓展训练

（1）作为汽车售后服务人员，请仔细思考在交车结算环节能为客户提供哪些细致周到的服务（满分 25 分）？

（2）金先生昨日在店内进行了 4.5 万公里的保养，请你今日给金先生拨打电话进行回访，调查客户的满意度（满分 25 分）。

（3）请按照图 1-3-4 所示思维导图格式，对交车与回访的学习收获进行总结，同时结合工作环境整理谈谈对“职业态度”的理解（满分 50 分）。

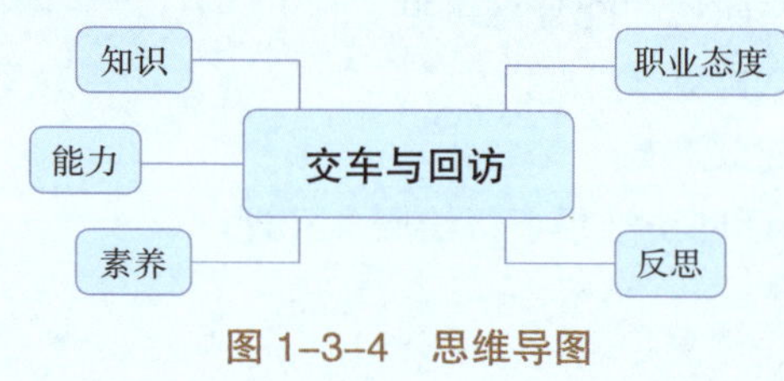

图 1-3-4　思维导图

5S 是经久不衰的现代企业管理模式

学习笔记

学习考评

一、考评项目

根据所学，请完成对王先生的维护保养接待，并完成考评报告。

二、实施准备

1. 学生准备

学生按照教学进度计划，已经完成了以下学习任务并达到了75分以上，可进行该学习成果的实施。

（1）理解并完成学习成果需要的相关知识和方法的学习，得分大于75分。

（2）运用学习成果需要的相关知识和方法进行作业，得分大于75分。

（3）按时、按质、按量完成相应作业，得分大于80分。

（4）具有自觉遵守技术标准和要求规定、规范操作、安全、环保、“7S”作业、团结协作的好习惯，得分大于80分。

（5）能制定常规维护保养接待的方案。

2. 教师准备

（1）在安排学生实施学习成果前，通过课堂问题研讨、作业、实训和考核及其他方式，确认学生已经具备了实施学习成果所需的知识、技能和素养，并确保学生在安全状态下独立进行。

（2）对协助教师进行测评的学生进行测评和监督方法的培训，确保测评结果的准确性和公平性。

（3）准备好测评记录。

三、验证方法与标准

（1）每位测评人员负责对2名学生进行定点、全过程的监控和测评。

（2）详细记录学生在考评过程中的相关信息、数据、结果、操作方法、完成时间，以及出现错误、事故等情况。

（3）学习成果的作业过程和数据记录等，要求在60分钟内完成，时间不足，可在即将结束时，口述剩余部分的作业方法。

（4）考核内容及评分标准见下表。

考核内容及评分标准

序号	评分项目	得分条件	评分标准	配分	扣分
1	工作场所5S	□ 1. 能做好工作场地内的所有物品整理分类 □ 2. 能将工作场所的物品定置定位摆放 □ 3. 能将工作场所打扫干净 □ 4. 能经常进行工作整理、整顿、清扫工作 □ 5. 能消除隐患、排除险情，预防安全事故，保障人身安全	未完成1项扣3分，扣分不得超15分	15	
2	专业技能能力	□ 1. 能按照预约流程熟练、规范地完成预约服务 □ 2. 能正确填好预约登记表 □ 3. 能按照接待准备流程，做好准备工作	未完成1项扣5分，扣分不得超50分	70	

学习笔记

续表

序号	评分项目	得分条件	评分标准	配分	扣分
2	专业技能能力	□ 4. 能按照接待流程，熟练、规范地完成客户接待服务 □ 5. 熟悉环车预检流程 □ 6. 能按照环车预检流程，熟练、规范地和客户一起完成环车预检 □ 7. 能正确填写接车检查单 □ 8. 能按照制单流程，正确完成任务委托书 □ 9. 能够熟练完成派工保养 □ 10. 能及时与保养技师和客户沟通 □ 11. 能按照交车结算流程，熟练、规范地完成交车结算服务 □ 12. 能够熟练填写结算单 □ 13. 能按照回访客户流程，熟练、规范地对客户进行回访 □ 14. 能熟练完成电话回访记录表	未完成1项扣5分，扣分不得超50分	70	
3	表单填写与报告的撰写能力	□ 1. 字迹清晰 □ 2. 语句通顺 □ 3. 无错别字 □ 4. 无涂改 □ 5. 无抄袭	未完成1项扣1分，扣分不得超5分	5	
4	与客户沟通交流的能力	□ 1. 使用文明用语 □ 2. 掌握保养预约、接待、交车、回访基本沟通语言	未完成1项扣5分，扣分不得超10分	10	

四、考评报告

说明：考评分为理论考评和实操考评，理论考评根据项目要求以及考评模板格式制定项目实施方案，方案经老师审核合格后，方可进行实操考评。学习成果考评报告模板详见附录A。

学习笔记

拓展阅读

5S 现场管理法

5S 现场管理法是现代企业管理模式，5S 即整理（seiri）、整顿（seiton）、清扫（seiso）、清洁（seiketsu）、素养（shitsuke）。5S 起源于日本，对于塑造企业的形象、降低成本、准时交货、安全生产、高度的标准化、创造令人心旷神怡的工作场所、现场改善等方面发挥了巨大作用，在 20 世纪 80 年代传入我国后迅速得以普及。

5S 的目的就是创造安全、高效、和谐的工作环境。

5S 之整理

定义：区分要与不要的物品，现场只保留必需的物品。

目的：① 改善和增加作业面积；② 现场无杂物，行道通畅，提高工作效率；③ 减少磕碰的机会，保障安全，提高质量；④ 消除管理上的混放、混料等差错事故；⑤ 有利于减少库存量，节约资金；⑥ 改变作风，提高工作情绪。

方法：区分的方法就是分类再分类，将同类物品按照使用频次排序，使用频次越高的物品保留，低频使用或者不使用的物品处理。把要与不要的人、事、物分开，再将不需要的人、事、物加以处理，对生产现场的现实摆放和停滞的各种物品进行分类，区分什么是现场需要的，什么是现场不需要的；然后，对于车间里各个工位或设备的前后、通道左右、厂房上下、工具箱内外，以及车间的各个死角，都要彻底搜寻和清理，达到现场无不用之物。

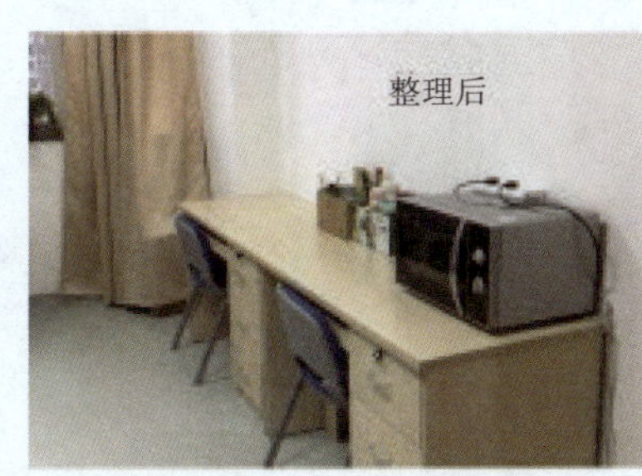

整理前后对比图

方锐的 5S 之旅

按照 5S 之整理的定义、目的和方法，方锐同学将寝室中自己的物品按照下表进行整理，结果大吃一惊，竟然有这么多不需要的物品！

类别	物品名称	排序
1		
2		
3		
4		

思考：按照方锐同学的整理表格整理寝室自己的物品，感受一下整理的作用，带着整理自己物品的经验，观察教室、实训室是否需要整理。

学习笔记

项目二　接待故障车维修客户

一、项目描述

完成故障车维修客户接待。

二、项目要求

依据汽车售后服务核心流程，完成故障车维修客户接待。

（1）维修预约和接待；

（2）制单与维修；

（3）交车与回访。

三、学习目标

（1）能够说出接听电话、仪态礼仪；

（2）能够说出常见故障分析；

（3）能够说出接车问诊和环车预检工作要素；

（4）能够运用 5W2H 方法进行故障问诊；

（5）能够依据汽车售后服务核心流程，完成故障车维修客户的接待；

（6）能够规范填写预约登记表；

（7）能够规范填写接车检查单；

（8）能够规范制作任务委托书；

（9）能够规范制作结算单；

（10）能够规范填写回访记录表；

（11）能够养成良好的职业规范和认真、热情的工作态度；

（12）树立学习、工作环境的主人翁意识。

四、学习载体

昨天下班前，服务顾问小刘已经查询了汽车售后服务管理系统，确定了今天要完成三项工作。今天一早，小刘准时来到了美美 4S 店，他刚做好售后接待前台 5S，突然接到了客户的维修诉求电话。因此，小刘今天一共有四项工作要完成：

（1）接听郑先生的维修诉求电话；

（2）对王先生提前一天预约确认；

（3）接待预约今日下午一点进行维修的宋先生；

（4）电话回访孙先生。

小刘坐在售后接待前台的椅子上，认真接听郑先生的维修诉求电话，开始了今天的工作，见下图。

正在接听郑先生电话的小刘

学习笔记

学习笔记

任务一　维修预约与接待

职业行动

步骤一：作业准备

1. 工作地点

选择汽车售后服务中心的售后接待前台、停车场。

2. 工作设施

办公电话、办公桌、座椅、计算机、打印机、对讲机、售后预约管理看板。

3. 工具用品

写字板、笔、预约登记表、接车检查单、任务委托书、汽车防护用品 、名片。

步骤二：接听客户维修诉求电话

1. 自我介绍

服务顾问小刘 :"您好！美美 4S 店，我是服务顾问小刘，请问有什么可以帮您的吗？"

2. 倾听客户的需求

郑先生 :"您好，我想问一下我的车有异响是怎么回事啊？"

3. 确认客户信息

（1）询问客户姓名及车辆信息（车型、车牌号码)。

小刘:"您好，请您先告诉我您的姓名，还有车型和车牌号。"

郑先生 :"郑岩。我的车是迈腾，车牌号是吉 B×××××。"

（2）快速查询客户资料，包括客户联系方式、客户类型（私家车主、公司客户等)，了解车辆数据（车型、购买时间、上次维修 / 保养时间及情况)。

小刘 :"好的，您稍等，我查询一下您的车辆信息。"

职业知识

接听电话礼仪规范

- 电话铃响后，3 声内接起电话。
- 认真做好记录。
- 使用礼貌语言。
- 讲电话时简洁明了。
- 注意听取时间、地点、事由和数字等重要词语。
- 电话中应避免使用对方不能理解的专业术语或简略语。
- 注意讲话语速不宜过快。
- 遇到打错电话的情况，要有礼貌地回答，让对方重新确认电话号码

预约服务推广方法

- 加强预约管理的宣传力度。
- 制订有效、可行的预约流程，方便客户预约。
- 吸引客户预约，调节客户来厂时间。推出低峰时段预约维修保养工时费优惠等活动，对成功预约的客户给予适当优惠或赠送小礼品。
- 在客户休息区和互动接待区等明显的地方，悬挂有关宣传预约展示板，欢迎预约客户，让已预约的客户有被重视的感觉。在客户接待区和客户休息区放置告示牌，宣传和提醒客户预约，尽量让所有客户都知道预约的好处并记住预约电话，以提高预约率。
- 跟踪回访客户时，宣传预约业务，让更多的客户了解预约的好处。
- 经常向未经预约直接入厂的客户宣传预约，鼓励客户预约。在接待未预约的客户时，要尽量满足客户期望，提供人性化的服务，让客户知道预约的合理性和先进性

视频

2-1 接听电话礼仪

4. 详细问询车辆情况，分析故障原因

小刘：“请问您车辆的声音具体是从哪个部位发出来的呢？”

郑先生：“好像是左前部车轮附近。”

小刘：“那您记得是行驶在什么路面时发出的声音？”

郑先生：“在平路和颠簸的路面都会响。”

小刘：“那是什么时候响呢？”

郑先生：“嗯，在转弯还有原地打方向的时候响得厉害。”

小刘：“好的，那么您是说您的车子在平路或者颠簸路面，转弯和原地打方向时车子左前部车轮附近有异响，对吧？”

郑先生：“是这样的。”

小刘：“好的，根据您的描述，我判断可能是左前外球笼有问题。请您不用担心，在您方便的时候进站让我们的技师详细检查一下您的车辆吧。”

5. 预约邀请

小刘：“为节约您的宝贵时间，我可以帮您做一下预约，您看可以吗？”

郑先生：“好的。”

6. 查询备件、工位等情况，协商到店时间（见图 2-1-1）

图 2-1-1　小刘在查询 4S 店备件、工位等情况

常见故障分析

故障部位	症状	需检查的部件或引发故障的原因
发动机	漏油	废气回收阀（ECR 阀）及管，气门室盖，缸盖，机油盘，机油格及座，曲前，偏心轴前、后端，曲后，汽油管及接头，蓄压轨及油嘴，涡轮机及管，助力泵及管，方向机，变速箱散热箱及管，制动总泵及管等
	漏水	缸盖堵头，缸体堵头，水泵，水箱，上、下水管，回水管，铁水管，暖水管，储水壶及管，喷水壶及管，水阀等
	漏气	真空管道及接头，空气流量计后端进气管，节气门体，进气歧管，喷油器，制动真空泵及管等
	水温高	电子扇不转，电子扇无低或高速旋转，空调电子扇不转，空调电子扇无低或高速旋转，水箱及缸体水垢过多，水泵翻水差，传动带断裂或打滑，节温器打不开，气缸垫冲蚀，发动机气门间隙过小或过大，发动机装配间隙过小，气缸压力过低，离合器打滑，传动行走部分阻尼过大等
	机油报警	机油盘油位过低，油位传感器故障，吸盘堵塞，机油泵故障，油道堵塞，油道泄压，机油感应塞故障等
	发抖 / 发吐	机脚胶及机脚变形故障，火花塞及模块故障，油嘴故障，漏气，进气参数故障，正时故障，气门间隙过大、过小，进气歧管及缸内积碳过多，气缸失火，缸压压差过大，爆燃传感器故障，曲轴及凸轮轴传感器数据失真，氧传感器数据失真，ECU 通信故障等
	漏油	废气回收阀（ECR 阀）及管，气门室盖，缸盖，机油盘，机油格及座，曲前，偏心轴前、后端，曲后，汽油管及接头，蓄压轨及油嘴，涡轮机及管，助力泵及管，方向机，变速箱散热箱及管，制动总泵及管等

学习笔记

学习笔记

郑先生："我想大后天下午 1 点去修车。"

服务顾问小刘："不好意思郑先生，大后天下午 1 点没有工位了，您看下午 3 点可以吗？"

郑先生："也可以。"

7. 再次确认预约事项及其他要求

小刘："那好的，郑先生。我重复一下预约时间，是 5 月 15 日，即大后天的下午 3 点，您到店维修。"

郑先生："没问题。"

8. 告知客户到店前事项

我们会提前电话提醒您，到店时请带上您的行驶证和维修手册。

9. 结束预约通话（略）

步骤三：填写预约登记表

（1）填写预约登记表。

（2）录入汽车售后服务管理系统。

步骤四：预约成功后准备

（1）准备备件。

（2）预留工位。

（3）安排维修技师。

步骤五：提前一天确认

小刘与车间主任沟通，确保在预约时间郑先生的维修项目有维修技师可以进行维修。

1. 确认维修技师

由于明日上午 10 点来维修的王先生未指定维修技师，小刘与车间主任沟通后确认了维修技师郑飞明天 10 点可以维修。

续表

故障部位	症状	需检查的部件或引发故障的原因
底盘	方向重	方向机间隙过大过小，助力泵压力过低，传动带打滑，轮胎磨损或变形，胎压过低，横直拉杆或悬挂松旷，稳定杆或平衡杆，扭力杆，定位角等
	方向抖	钢盆变形，轮胎变形，轮胎动平衡差值过大，制动盘跳动过大，球头松旷，传动轴，定位角等
	方向不回	方向机间隙过小，球头间隙过小过大，悬挂松旷，定位角等
	方向跑偏	胎轮花纹，轮胎气压，轮胎磨损不均，轮胎配重，四轮定位，稳定杆或平衡杆，球头松旷，悬臂松旷，制动片发咬，轴承间隙不均，前后轮距不等，车身不平等
	方向响	方向轴管缺油或松旷，方向十字节松旷，方向机间隙过大，球头过紧或松旷，悬挂松旷，转弯外球笼及轮胎响，助力泵及皮带等
	制动软、不灵	总泵及分泵皮圈泄压，泵体密封圈阴漏，接头及排油嘴密封不严，管道老化，管内空气未排净，制动片有油，比例阀或压力感载阀，制动油标号不对，制动油过脏，分泵锈蚀等
	制动重	踏板转轴缺油及松旷，真空泵调整不当或漏气，无真空，真空控制器故障等
	制动单边	个别制动片有污物，制动片批号不对，分泵单个锈蚀，支架发咔，支流管道有空气，分泵阴漏，稳定杆或悬臂松旷，轮距不等，轮胎花纹或磨损不均，轮胎气压不均等
	踩制动抖	制动盘跳动大，传动轴平衡失调或十字节松旷，轮胎磨损或钢盆变形，球头松旷等
	车身抖	发动机工作不平稳，机脚胶破损，飞轮及曲轴平衡配重失调，减震器失效，轮胎气压过高等

学习笔记

2. 确认专用工具以及技术资料（略）

3. 确认备件

服务顾问小刘与备件部管理员小杨沟通，发现后视镜还没有到货。

于是，小刘联系了王先生，告知明日无法完成所有维修，询问客户是明日先维修其他项目还是等后视镜到货后一起维修。

小刘："王先生，是这样的。不好意思，后视镜还没有到货，大概大后天才会到。您看您是明天先维修其他项目还是等后视镜到货后再一起维修呢？"

王先生："我着急用车，明天先把其他的修了吧。"

小刘："好的，王先生。明日见。"

4. 核对客户维修档案（略）

步骤六：提前一小时确认

宋先生今天下午 1 点来店维修，小刘需提前 1 小时确认他是否准时到店。

1. 电话确认

小刘："宋先生，您好，我是美美 4S 店服务顾问小刘，您预约的今天下午 1 点来我店进行维修，请问您今天能准时到吗？"

宋先生："能。"

小刘："那好的，宋先生，我们稍后见！"

2. 再次确认备件、工具、维修人员、预约工位（略）

步骤七：接待准备

1. 整理仪容仪表，见图 2-1-2

（1）整理发型、检查面部。

小刘照着镜子整理了一下自己的发型和面部。

（2）整理着装。

小刘穿好衬衫和西服套装，穿好黑色皮鞋，戴好领带和胸牌。

续表

故障部位	症状	需检查的部件或引发故障的原因
底盘	车内过热	车内墙板隔热层，地板隔热层，暖水阀关闭不严，门窗密封不严等
	减振硬	减振不符该车标准，减振漏油或内漏，减振弹簧及缓冲块失效，缺油或液压泵故障，电路及执行器、元件故障等
	异响声	离合器轴承，变速箱，减速器，传动轴，转向系统，悬挂，轴承，制动系统，轮胎噪声，振动声，共振声等，都称为异响，所以范围宽广，报修定要有指向，如：左边、右边、前面、后面等，交车时间待定。最终确定故障点必须通过拆检，拆检后确定了故障点，才能确定预交时间
空调	不制冷	离合器无磁场，离合器打滑，无压差，电子扇、电器元件、线束故障，鼓风机，膨胀阀，恒温控制器，冷暖开关，压缩机油过多，氟过多或过少，干燥瓶失效，压力开关，温度调节器，冷热转换机构，蒸发器纤维堵塞，花粉过滤器过脏，散热器过脏，车内密封差等。冷气出风口温度（手动操作，内循环状态），优 2~4 ℃，良 6~8 ℃，差 8 ℃以上
	不制热	水阀开关，水垢过多，暖水箱纤维堵塞，鼓风机，电路、开关，冷热转换机构，温度调节器，车内密封差等
	冷、热转换不灵	自动调节器（AUTO）不灵，室外温度传感器故障，线索及元件故障，车身控制器故障等
	异响声	传动带，磁盘打滑，压缩机，蒸发箱及膨胀阀啸叫，风扇及鼓风机响等
	不启动	无氟，压力开关，结冰，磁盘不吸，AC 开关，风机开关，线路故障等
	风向不明	风向调节开关失灵（手动、电子），操纵机构或电路故障等

学习笔记

视频

2-2 男士站姿

视频

2-3 女士站姿

视频

2-4 男士坐姿

视频

2-5 女士坐姿

（3）整理细节。服务顾问小刘洗好了手，做好了口腔清洁。

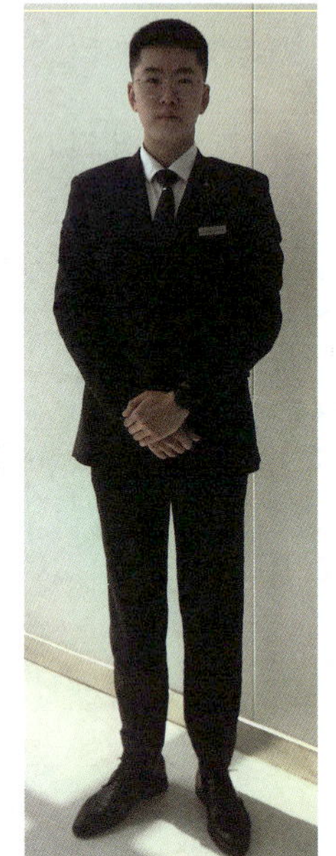

图 2-1-2 服务顾问小刘已整理好仪容仪表

2. 整理文件资料、工作设施和用品

（1）确认工作单据。

（2）确认接待前台计算机、打印机工作状态。

（3）确认对讲机、座机电话工作状态。

（4）更新预约管理看板。

（5）准备汽车防护用品。

3. 整理环境

（1）整理汽车售后服务接待前台。

（2）整理客户休息区。

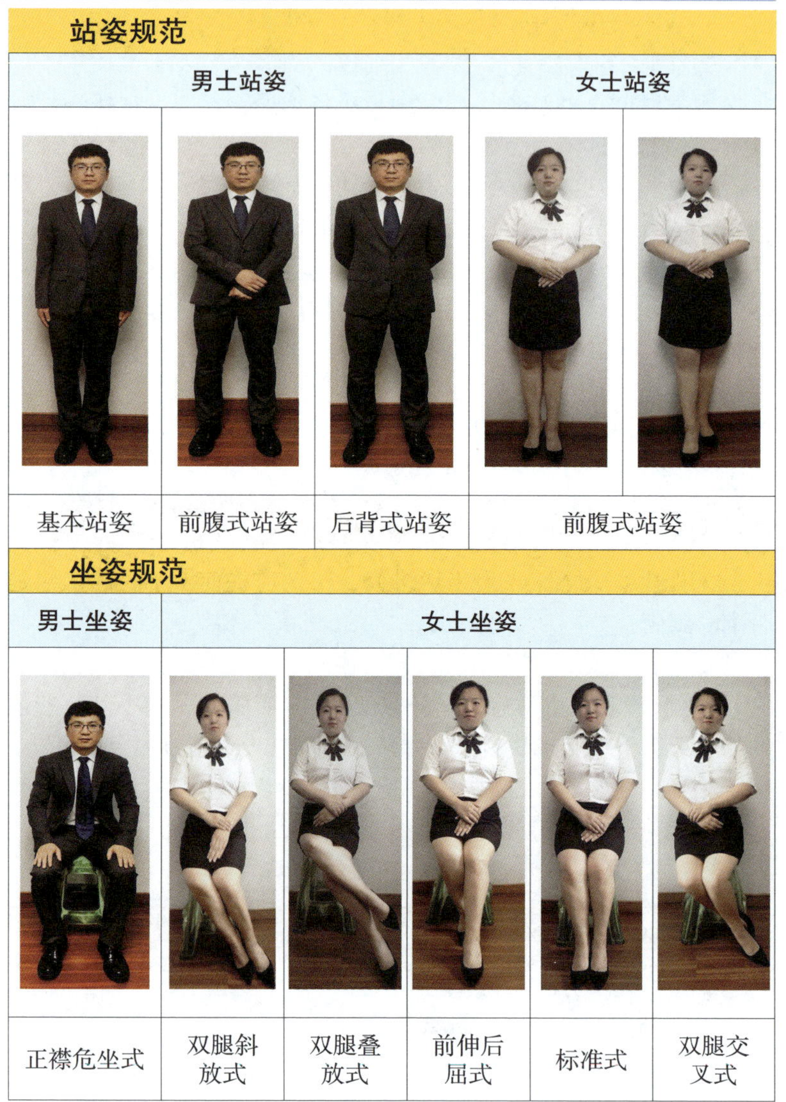

教室是清洁一个人，整洁一个班，清爽一整天

步骤八：迎接客户

1. 迎接客户

宋先生来到汽车售后服务接待前台，服务顾问小刘面带微笑问候宋先生，并做自我介绍（见图 2-1-3）。

图 2-1-3　小刘在做自我介绍

小刘：“宋先生您好，欢迎光临美美 4S 店。我是服务顾问小刘，这是我的名片，很高兴为您服务。”

2. 复述客户预约内容并得到确认

小刘：“宋先生，您此次到店是要进行车辆维修是吧。”

宋先生：“是的。”

3. 查询客户是否在保修期

小刘：“好的，宋先生，我查询了一下您的车辆信息，您的爱车已超过了保修期，所以本次维修需要您自费维修。”

步骤九：接车问诊

小刘运用 5W2H 分析法，通过对宋先生的询问，对车辆进行故障问诊，并将故障描述详细记录在接车检查单上（见图 2-1-4）。

小刘：“好的，宋先生。那具体您的爱车是出现了什么问题呢？”

宋先生：“我的发动机有时候会抖动，还有前部有点异响。”

小刘：“请问故障是什么时候出现的？”

行姿规范

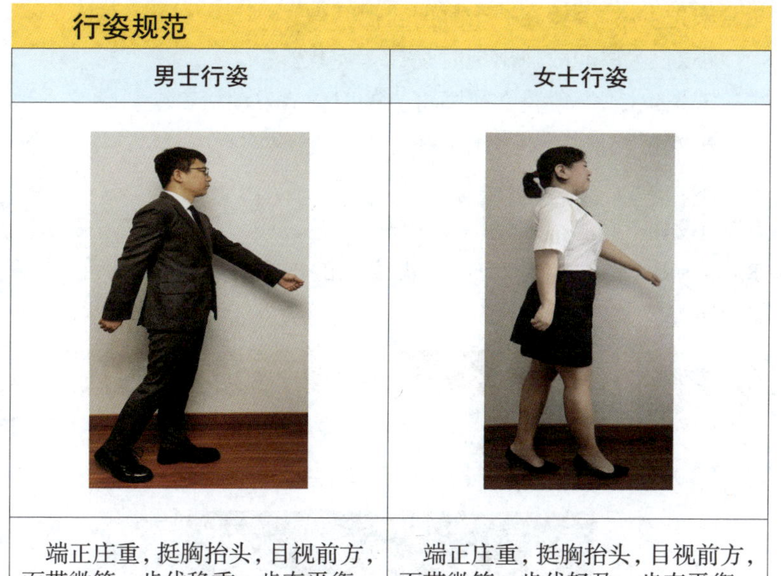

男士行姿	女士行姿
端正庄重，挺胸抬头，目视前方，面带微笑，步伐稳重，步态平衡	端正庄重，挺胸抬头，目视前方，面带微笑，步伐轻盈，步态平衡

蹲姿规范

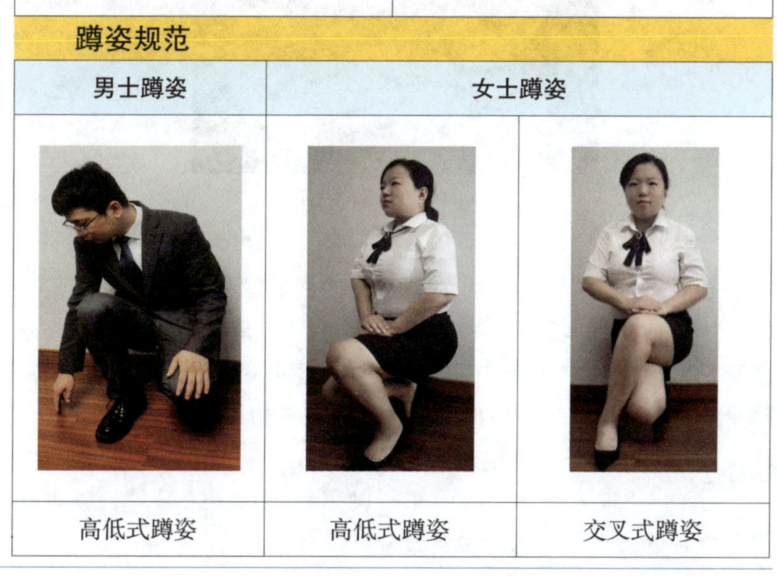

男士蹲姿	女士蹲姿	
高低式蹲姿	高低式蹲姿	交叉式蹲姿

学习笔记

视频

2-6　行姿规范

视频

2-7　男士蹲姿

视频

2-8　女士蹲姿

学习笔记

宋先生："大概在一个星期前吧。"

小刘："请问故障出现时是什么症状？"

宋先生："一般是在故障灯亮的时候，发动机都会抖动。"

小刘："请问故障是出现在什么路况下？"

宋先生："一般是在等红灯的时候。"

小刘："好的，宋先生。我已经为您的爱车的故障情况做了详细的记录。等一下我们车间会派专门的技师为您的车辆做一个详细的检查。"

步骤十：环车预检

（1）请客户提供维修手册和行驶证，做好登记。

（2）安装汽车防护用具（见图 2-1-4）。

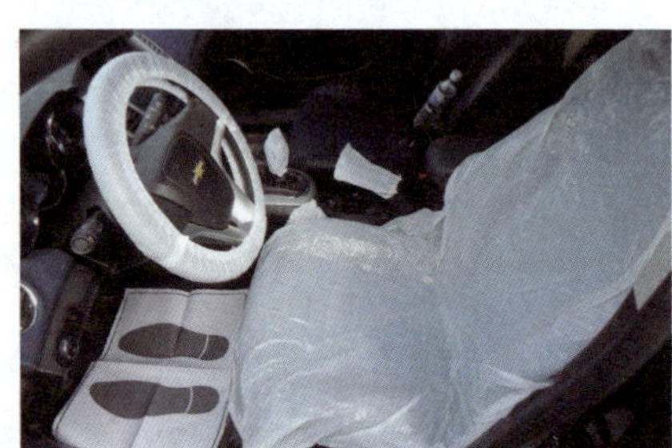

图 2-1-4　汽车防护五件套

（3）检查车辆

检查车内。服务顾问小刘进入车内，查看了里程数、燃油量、仪表板工作状况及刮水器、灯光、音响、空调工作状况。在打开杂物箱之前先征求了宋先生的同意，同时提醒宋先生将贵重物品随身携带，不能携带的可放到储物柜。小刘边检查边记录，之后，将检查情况告知了宋先生。

小刘："宋先生，您的爱车行驶里程是 65 690 公里，油表在二分之一处，车内的各种设备设施状况良好。"

5W2H

- 故障现象（What）
- 故障发生时间（When）
- 故障发生地点（Where）
- 故障发生时的当事人（Who）
- 故障发生原因（Why）
- 如何排除故障（How Do）
- 估价估时（How Much）

接车检查单上车辆故障的正确描述示例

错误描述	正确描述
故障灯亮	发动机诊断故障灯亮
组合仪表失灵	燃油表错误显示
显示故障	多功能显示屏有时变黑屏
刮水器不工作	天冷时刮水器工作到一半时停止
安全带不工作	安全带有时发卡

5W2H 分析法

- 对服务项目的解释

通过接车问诊和环车预检，服务顾问要向客户详细地解释相关的服务项目，这样可以消除客户的疑虑和担心。

- 诚实

在接车问诊和环车预检环节，服务顾问要诚实，不要向客户隐瞒或夸大事实。

- 履行承诺

服务顾问要积极履行在接车问诊和环车预检环节给客户的承诺，通过诚信赢得客户的信任。

- 倾听要求

在接车问诊和环车预检环节，服务顾问要积极倾听客户要求，同时确认客户要求

检查车辆外观。小刘邀请宋先生和他一起对左侧车门、左前侧、正前方、右前侧、右侧车门、右后侧、正后方、左后侧一一进行了环车检查。

当发现车辆外观有问题时，马上指给了宋先生，并在接车检查单上做好了检查记录（见图 2-1-5）。

小刘：“宋先生，您看。左侧车门这里有一条划痕。”

宋先生：“好的。”

图 2-1-5　小刘将划痕指给宋先生

步骤十一：故障检查

1. 安排客户等候（略）

2. 移动车辆

小刘通知车间主管杨明提车进入工厂故障检查。

3. 问诊结果说明

小刘主动与车间杨主管沟通车辆问诊结果。

4. 安排维修技师检查

杨主管安排了维修技师李建和王伟进行检查及维修。

5. 确定检查结果

维修技师小李：“经过检查，发动机抖动是节气门过脏造成的，需要清洗节气门。清洗节气门大概需要半小时。然后前部异响的原因还需要更加仔细地检查，才能知道原因。你和客户说一下吧。”

汽车维修接待流程示例

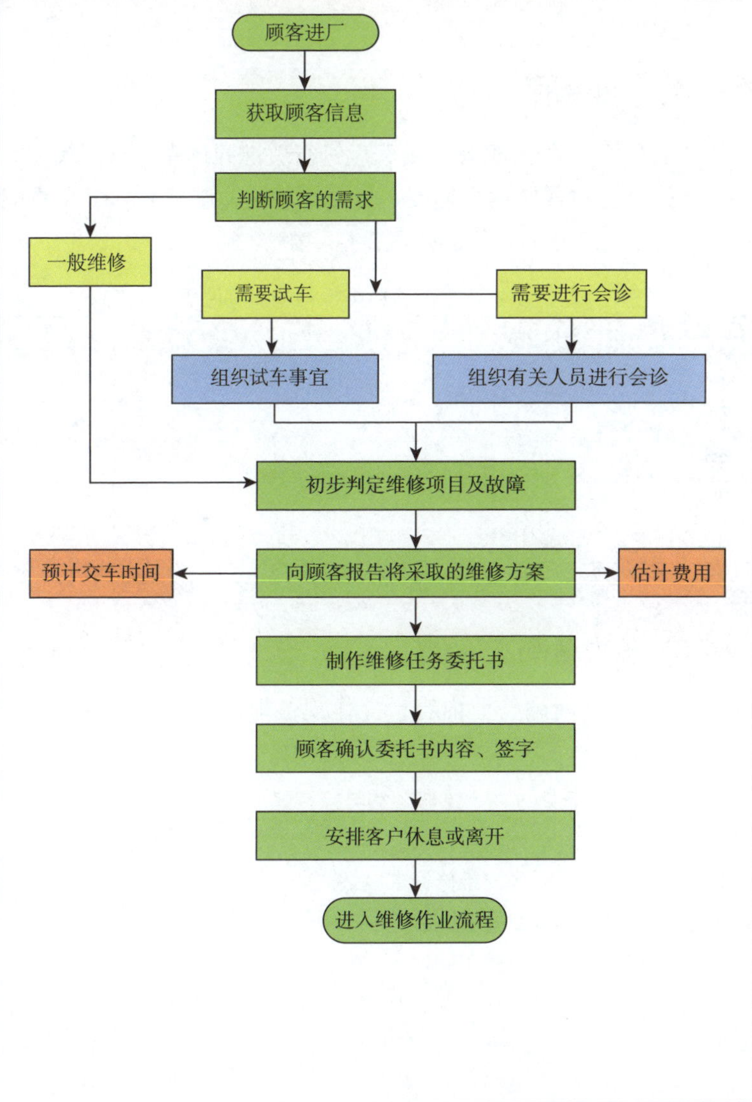

顾客进厂
获取顾客信息
判断顾客的需求
一般维修
需要试车
需要进行会诊
组织试车事宜
组织有关人员进行会诊
初步判定维修项目及故障
预计交车时间
向顾客报告将采取的维修方案
估计费用
制作维修任务委托书
顾客确认委托书内容、签字
安排客户休息或离开
进入维修作业流程

学习笔记

学习笔记

任务测评

一、知识测评

确定本任务关键词，按重要程度进行关键词排序并举例解读。

根据自己对重要信息捕捉、排序、表达、创新和划分权重能力进行自评，满分 100 分，见表 2-1-1。

表 2-1-1　维修预约与接待知识测评表

序号	关　键　词	举 例 解 读	评分自定
1			
2			
3			
4			
5			
总分			

二、能力测评

对表 2-1-2 所列作业内容，操作规范即得分，操作错误或未操作得零分。

表 2-1-2　维修预约与接待能力测评表

序号	能　力　点	配分	得分
1	接听客户维修诉求电话	20	
2	填写预约登记表	20	
3	接车问诊	20	
4	环车预检	20	
5	填写接车检查单	20	
总分		100	

三、素养测评

对表 2-1-3 所列素养点，做到即得分，未做到得零分。

表 2-1-3　维修预约与接待素养测评表

序号	素　养　点	配分	得分
1	规范服务，增强客户信任	20	
2	良好礼仪，提升客户好感度	20	
3	清晰表达，与客户良好沟通	20	
4	场地“5S”，创造良好接待环境	20	
5	真诚接待，提供细致贴心的服务	20	
总分		100	

四、拓展训练

（1）李先生的左侧前照灯破损了，他打电话来想预约本周末进行车辆维修，请完成维修预约电话（满分 25 分）。

（2）客户描述自己的车辆出现加速抖动现象，怎样应用 5W2H 法对客户进行问诊（满分 25 分）。

（3）请按照图 2-1-6 所示思维导图格式，对维修预约与接待的学习收获进行总结，同时结合上课时定置定位摆放学习用品，谈谈对“从我做起，随时保持”的理解（满分 50 分）。

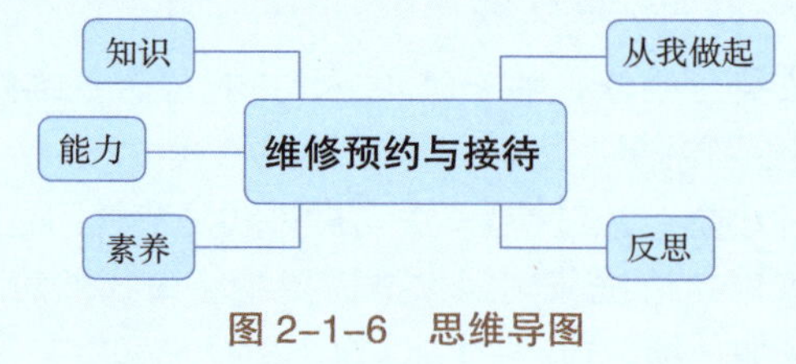

图 2-1-6　思维导图

教室是清洁一个人，整洁一个班，清爽一整天

学习笔记

任务二 制单与维修

职业行动

步骤一：作业准备

1. 工作地点

选择汽车售后服务中心的售后接待前台、客户休息区、维修车间。

2. 工作设施

办公电话、办公桌、座椅、计算机、打印机、对讲机。

3. 工具用品

写字板、笔、汽车防护用具、接车检查单、任务委托书。

步骤二：制单

（1）引导宋先生回到汽车售后服务接待前台。

（2）确认维修项目。

（3）估算费用。

（4）解释各项费用构成。

（5）增项告知。

（6）询问客户是否接受免费洗车服务。

（7）估算维修时间。

（8）将以上信息录入汽车售后服务管理系统。

（9）印制维修任务委托书。

（10）请客户确认、签字。

（11）将维修任务委托书客户联交与客户，作为取车凭证。

（12）告知客户预计的交车时间。

职业知识

汽车维修

释义	对出现故障的汽车通过技术手段排查，找出故障原因，并采取一定措施使其排除故障并恢复达到一定的性能和安全标准
内涵	• 汽车维修包括汽车大修和汽车小修。 • 汽车大修是指用修理或更换汽车任何零部件（包括基础件）的方法，恢复汽车的完好技术状况和完（或接近完）全恢复汽车寿命的恢复性修理。 • 汽车小修是指用更换或修理个别零件的方法，保证或恢复汽车工作能力的运行性修理
分类	• 发动机部分维修。 • 底盘部分维修。 • 电气系统维修。 • 钣金喷漆维修

维修任务委托书的作用

- 维修任务委托书是客户与企业之间在维修和预期费用方面达成的协议，它明确了双方在维修服务过程中的权益，如果双方发生争议，维修任务委托书是具有法律效力的重要文件之一。
- 维修任务委托书记录了维修企业对客户车辆故障处理的详细说明，是维修技师对车辆进行维修的依据。
- 维修任务委托书是企业内部的重要管理文件，通过维修任务委托书可以对维修技师的工作进行考核，从而有助于确定维修技师的薪资。
- 维修任务委托书是企业的维修费用和零部件存货的审计依据

视频

2-9 确认维修项目

学习笔记

步骤三：安顿客户

服务顾问小刘询问宋先生是否在店等候。

小刘："宋先生，您在店等候吗？"

宋先生："不了，我还有事。等修好了我来取车。"

小刘："好的，宋先生。车辆维修期间，如果有什么问题，我会随时电话和您沟通。车辆维修完，我会马上通知您的。"

宋先生："好的。"

小刘："宋先生，这边请。"

步骤四：派工维修

1. 维修作业

维修技师李建和王伟依据任务委托书上的内容，进行领料和维修操作。

2. 增项作业处理

（1）了解车辆新问题。

当维修技师发现车辆出现其他问题时，马上联系了小李，说明了车辆的新问题。服务顾问小刘来到车间与维修技师李建进行了沟通确认。

李建通过对讲机呼叫了小刘："小刘，小刘。我是车间李建。迈腾吉 A870×× 车辆的前部异响问题，经过检查，发现是由于车前减振器螺栓松动造成的，已经做了紧固，问题已经解决了。但是现在发现了新的问题，前制动片已经磨损到只剩 3 mm 了，该换了。你联系一下客户，问问换不换制动片。"

小刘："好的，我现在过去看一下。"

小李："你看，前制动片只剩下 3 mm 了，而极限是 2 mm，所以我建议他现在就换，避免出现安全问题。"

小刘："好的，我给客户打个电话。"

视频

2-10 增项作业处理

领取与管理备件

- 维修技师凭"任务委托书"到备件库领取备件，除"三滤"和油液之外，备件交旧领新。
- 备件库管员依"任务委托书"确认备件号、备件名称、数量后在 CRM 系统"领料出库"中发货，打印"出库单"，领料人在"领料人"栏中签字，备件库管员应按"出库单"发料。
- 领料人接到备件后，应核对备件名称、数量是否与原车件相符，一致后将出库单与"任务委托书"合订

领取与管理工具及维修手册

- 维修技师需要提前到工具库房领取维修工具，以备维修使用。
- 维修工具的摆放和保管需要符合销售服务店工具管理规定。
- 维修技师需要按时归还维修工具。
- 维修技师根据维修需要向工具资料管理员借阅"维修手册"和专用工具，登记委托书号、工具、资料名称、借用人、借用日期，签字确认，使用后即时归还，并登记归还日期、工具、资料状况。若有直接从班组转借专用工具的情况，则由借用人到专用工具室重新登记

维修作业基本要求

- 维修人员要保持良好的职业形象，穿着统一的工作服和安全鞋。
- 作业时要使用座椅套、脚垫、翼子板罩、方向盘套、换挡杆套等必要的保护装置。
- 不准坐在客户车内吸烟、听音响、使用电话等做与维修无关的工作。
- 作业时车辆要整齐摆放在车间，时刻保持地面、工具柜、工作台、工具整齐清洁。
- 作业时工具、油水、拆卸的部件及领用的新件不能摆放在地面上。
- 维修完毕后，将旧件、工具、垃圾等清理干净。
- 将更换下来的旧件放在规定位置，以便客户带走。
- 将座椅、方向盘、后视镜等调至原来的位置。
- 如果拆卸过蓄电池，则收音机、电子等的存储已被删除，应重新设置

图 2-2-1　小李在和维修技师李建沟通

（2）向客户汇报维修进展，询问客户新增项目如何处理（见图 2-2-2）。

图 2-2-2　小李给宋先生拨打了电话

服务顾问巡查目的

- 了解所派业务车辆维修进度如何。
- 与维修技师沟通，了解故障排除情况以及有无增加的服务项目。
- 与车间主管沟通，了解排队客户的派工情况，是否可以承受增加的维修任务等。
- 及时将客户增加的服务项目告知维修技师，以免发生服务漏项。
- 及时将在巡查过程中发现的维修技师不符合要求的维修操作方式反馈给车间主管，以免发生意外

服务顾问巡查两个阶段

- 通常服务顾问每隔一小时到车间巡查一次，如果服务顾问工作较为繁忙，那么最少在下面的两个时段必须到车间巡查。
- 上午 11:00。此时车辆维修情况比较明朗，早上进来维修的车辆，有些已经基本修好，有些可能仍在等待零件，因此可以大体了解车辆维修作业的情况。
- 下午 2:00—3:00。此时大部分工作都应该完成了，与车间沟通可以知道是否能够正点交车。
  ①如果不能正点交车或者出现意外情况，可以在这个时候及时通知客户。
  ②如果通知客户太迟，将会影响客户的满意度

维修质量控制基本要求

- 所有入站维修保养的车辆，都要实施三级检验制度。
  ①维修工人的自检。
  ②维修班组长的检验。
  ③总检人员的终检。
- 终检时按照“任务委托书”“定期保养检查项目表”，检查每项维修项目；每一个完工的维修项目都要完成客户的要求及符合维修技术要求。
- 将总检的结果记录在“任务委托书”“定期保养检查项目表”上并签字。
- 若完工的维修项目不符合维修技术标准，则必须返工。
- 所有最终质量检查报告单的返工记录，必须向服务经理汇报

学习笔记

学习笔记

小刘："您好，宋先生。您反映的前部异响问题，我们的维修技师经过检查，发现是您的爱车前减振器螺栓松动造成的，已经为您的爱车做紧固，问题已经解决了。"

宋先生："好的，谢谢。"

小刘："另外在检查过程中维修技师发现您的爱车的前刹车片只剩下 3 mm 了，需要更换。现在和您确认一下。"

（3）说明增加项目的必要性。

宋先生："必须要换吗？"

小刘："是的，您的爱车前刹车片（制动片）只剩下 3 mm 了，而极限是 2 mm，所以我们的维修技师强烈建议您现在就换，避免出现安全问题。"

（4）告知新增项目的费用。

小刘："前刹车片的价格是 280 元，工时 80 元，更换时间大约是半小时，您看您现在需要更换吗？"

宋先生："换吧。"

小刘："好的。那我告诉维修技师现在给您更换前刹车片。这样的话，大约四点您可以过来取车。"

宋先生："好的，知道了。"

（5）客户确认。

小刘在电话确认后，在维修任务委托书上记录了宋先生的确认信息，转维修技师继续维修。

3. 质量检验

（1）过程检验。

（2）维修现场整理。

（3）竣工检验。

（4）清洁车辆。

维修技师自检主要工作项目

- 检查作业项目有无漏项。
- 有力矩要求的紧固件是否紧固。
- 掌握橡胶件、易损件的磨损情况，并做好记录。
- 工具、资料有无遗失。
- 检查车上的收录机等电器设备。
- 将换下的旧件包装好以便服务顾问在交车时交给客户或返件。
- 维修技师在派工单上记录作业内容、完工时间及对车辆使用方面的意见并签字

班组长二检工作项目

- 依据派工单上所列项目逐项检查验收，并核实有无纰漏。
- 依次检查几个主要紧固件是否已经紧固。
- 核查橡胶件、易损件的磨损情况。
- 检查车上的电器设备是否能正常工作。
- 班组长根据维修经验，对车辆各个细节进行检查，消除安全隐患，确保车辆完好。
- 班组长在派工单上签名通过

总检人员终检工作项目

- 依据派工单上所列项目逐项验收，并核实有无漏项。
- 发现问题时，必须立即采取各种措施进行纠正，如有必要则进行返修作业。
- 将检验结果反馈给班组长，以提高班组的技术水平，防止再次出现同样的问题。
- 认真检查有力矩要求的紧固件是否紧固。
- 如有必要应试车确认，以求万无一失。
- 必须检查有无物品遗失，如工具、资料等。
- 依据派工单上关于车辆状况的记录检查作业过程中有无人为损伤等。
- 作业质量验收完毕后，相关人员在派工单上签字。
- 对于重大作业的项目及涉及安全性能方面的作业项目，技术总监必须多次进行仔细检查，查漏补缺，防止出现重大事故

学习笔记

任务测评

一、知识测评

确定本任务关键词，按重要程度进行关键词排序并举例解读。

根据自己对重要信息捕捉、排序、表达、创新和划分权重能力进行自评，满分 100 分，见表 2-2-1。

表 2-2-1　制单与维修知识测评表

序号	关　键　词	举 例 解 读	评分自定
1			
2			
3			
4			
5			
总分			

二、能力测评

对表 2-2-2 所列作业内容，操作规范即得分，操作错误或未操作得零分。

表 2-2-2　制单与维修能力测评表

序号	能　力　点	配分	得分
1	制单沟通	20	
2	填写维修任务委托书	30	
3	安顿客户	20	
4	增项作业处理	30	
总分		100	

三、素养测评

对表 2-2-3 所列素养点，做到即得分，未做到得零分。

表 2-2-3　制单与维修素养测评表

序号	素　养　点	配分	得分
1	清晰表达，与客户良好沟通	20	
2	安全作业，无安全隐患	20	
3	规范标准，无野蛮操作	20	
4	团队协作，无不洽关系	20	
5	场地“5S”	20	
总分		100	

四、拓展训练

（1）请练习完整填写好一份维修任务委托书，并向客户解释费用构成和交车时间（满分 25 分）。

（2）如果客户的车辆因为零件未到货而需要在厂停留多日，应该怎样跟客户解释维修进度缓慢？怎样安抚客户（满分 25 分）？

请按照图 2-2-3 思维导图格式，对制单与维修的学习收获进行总结，同时结合整顿寝室的方法与经验，谈谈对“主人翁意识”的理解（满分 50 分）。

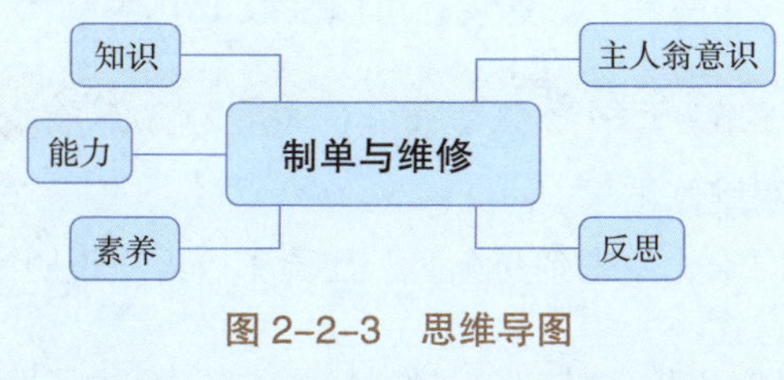

图 2-2-3　思维导图

任务三　交车与回访

职业行动

步骤一：作业准备

1. 工作地点

汽车售后服务中心的交车区、汽车售后服务接待前台、汽车售后服务客服部。

2. 工作设施

办公电话、办公桌、座椅、计算机、打印机、对讲机。

3. 工具用品

写字板、笔、任务委托书、结算单、回访记录表。

步骤二：交车准备

（1）移动车辆。

（2）确认竣工车辆状况。

（3）打印结算单。

（4）联系客户。

一切准备就绪之后，服务顾问小刘将打印出的结算单夹到写字板上，放到了办公桌上。然后小刘给宋先生打电话，通知宋先生可以交车了。

小李："您好宋先生，让您久等了，您的车辆已经全部维修完毕了。车也为您洗好了。您现在可以来取车了。"

步骤三：验车结算

（1）说明维修结果。

小刘陪同宋先生来到交车区一起验车，再次说明维修项目，确认宋先生满意。

小刘："宋先生，节气门已经清洗干净，解决了发动机抖动的

职业知识

车辆维修费用相关要求

- 严格执行交通主管部门和价格管理部门制定的车辆维修收费标准，按照规定计算维修工时，收取维修费用，不增加作业量、维修工时、价格或收取其他费用。
- 向社会公布各种维修作业的计费项目、工时定额和工时单价，明码标价，让消费者明明白白消费。
- 确定经营项目时，应当向客户报告修理价格，并估计维修成本。特殊维修项目不能立即确定或维修成本高的，应当提前向客户说明。
- 在维修过程中，重要部件需要更换或者需要增加维修项目或延长维修时间的，应当通知客户维修成本与维修时间的变化。
- 严格按照汽车维修技术规范进行维修工作。严禁谎报维修工作项目、遗漏、减项。
- 严禁使用假冒伪劣配件，盗窃汽车零部件。收取材料费用时，应严格按照规定收取材料管理费。
- 遵守国家法律、法规，合理结算费用，列明费用，依法开具发票

道路救援

概念	• 发动机部分维修 • 底盘部分维修 • 电气系统维修 • 钣金喷漆维修
作用	道路救援能将客户因车辆故障而导致的不愉快经历，通过经销商及时、周到和专业的服务，转化为汽车品牌对客户关怀的体验，从而提高客户的满意度和忠诚度，增加经销商的直接或间接收益，达到制造商、经销商和客户共赢的目的

锲而舍之朽木不折；锲而不舍，金石可镂

问题。车辆前部异响是由于车前减震器螺栓松动造成的，也已经紧固完毕。还有新的刹车片已经更换好了，不再有安全隐患。”

宋先生：“挺好，挺好。”

（2）告知增值服务项目。

（3）询问旧件处理。

（4）费用说明，签字确认。

（5）询问付款方式，完成结账。

步骤四：交车送别

（1）归还维修手册、行驶证和车钥匙。

（2）取下汽车防护用品。

（3）车辆关怀。

小刘：“今后您的爱车有什么问题，您到时候提前联系我，我为您预约登记，并且为您预留工位配件和维修技师，这样可以节省您很多时间，另外用车过程中有任何问题都可以给我打电话，如有需要，可以拨打我们的道路救援电话，我们的救援电话 24 小时为您服务。”

（4）告知电话回访。

（5）送别。

步骤五：电话回访

小刘根据汽车售后服务管理系统的信息，了解到今日要对昨日来维修的孙先生进行电话回访。

（1）回访准备。

（2）电话回访。

小刘根据系统中查询到的孙先生的手机号码，拨通了孙先生的电话。

① 确认是否是孙先生，做自我介绍，询问是否方便接听电话。

② 说明拨打电话的目的，并询问孙先生车辆的使用情况以及他的需求和建议。

续表

内涵	• 路边救援 路边救援的对象一般是由于车辆自发故障造成车辆无法行驶，一般采取现场修理的方法。通常可以得到有效救援的故障主要有以下几方面： （1）电子故障造成的抛锚。 （2）机械故障造成的抛锚。 （3）驾驶人的失误，包括电瓶没电、爆胎、钥匙锁在车内或丢失、没有燃料、冷却液不足。 • 拖车服务 拖车服务的主要救援对象是事故车，一般无法现场修复，必须要拖到修理厂维修。 救援人员在拖车的同时，要帮助客户回到交通便利的地段，必要时帮助客户托运行李、预订宾馆或者叫出租车
流程	• 客户从抛锚现场致电品牌售后服务中心 24 h 热线。 • 服务中心把客户信息传递到距离事故车最近的经销商道路救援中心。 • 服务顾问致电事故车客户，对事故车抛锚的时间、地点、型号、故障症状做全方位了解并登记，并电话引导客户做简单排查。 • 根据事故描述，安排客户服务车和技工前往现场。 • 填写车辆状况调查表，一式三份，客户、经销商、拖车公司各执一份（如果需要拖车的话）。 • 在路边救援无法对车辆进行修复的情况下，安排拖车服务。 • 妥善安置好客户，必要时帮助客户托运行李、预订宾馆或者叫出租车

学习笔记

学习笔记

小刘："您好，请问是孙先生吗？"

孙先生："我是。"

小刘："我是美美 4S 店的服务顾问小刘。感谢您昨日来我店进行维修。不好意思，打扰您一下。想做一个售后服务的电话回访，请问您现在方便接听电话吗？"

孙先生："你说吧。"

③ 通话的同时，根据孙先生的回答，如实填写回访记录表。

④ 回访结束，孙先生挂断电话后，小刘才放下电话。

小刘："孙先生，请问您在 2021 年 5 月 11 日到店维修后，现在车辆使用情况是否一切正常？"

孙先生："没什么问题。"

小刘："请问您对此次维修整体是否满意？"

孙先生："一般吧。"

小刘："那此次维修是有什么问题吗？"

孙先生有点生气地说："我问你们的服务顾问，我下午 1 点是不是可以去取车了？他跟我说车修完了，你来吧。可我到店却发现我的车还没有修好，我又在店里等了半个小时。你没修完就跟我说呗，我一点半再去取。"

小刘："孙先生，出现这样的问题，我深感抱歉。您消消气，我会如实将情况记录下来反映给相关部门。我们会避免再次出现这样的问题。请问您还有其他的意见或建议吗？"

孙先生："没有了。"

小刘："再次感谢您接受我们的回访。祝您工作愉快，再见！"

（3）把回访的记录更新到汽车售后服务管理系统中。

（4）回访结果汇报。

小刘将电话回访结果汇报给服务经理。

电话回访目的

- 通过回访，请客户评价企业的服务情况，表达企业对客户的关心，从而加强客户对企业的印象，增进服务顾问与客户之间的关系。
- 通过回访，及时发现服务过程中存在的不足，及时与客户沟通其不满意之处，消除分歧，避免客户将其不满传播或不再惠顾，提升客户对企业服务的满意度。
- 通过回访，解答客户在车辆使用过程中的疑难问题，从而使企业的服务具有主动性，有利于企业培养稳定的忠诚客户群。
- 通过回访，发现新的服务机会，进行新的服务预约，完成企业的闭环服务作业

回访记录表式样

回访记录表

客户信息					
客户姓名		电话		回访日期 / 时间	
车型		底盘号		任务委托书号	

回访记录			
问题	回答选项		备注
故障是否排除	□是	□否	
接待人员的服务态度	□满意	□不满意	
接待人员说明维修项目	□是	□否	
维修环境和客户休息环境	□满意	□不满意	
继续选择我服务站（忠诚度）	□是	□否	
其他意见和建议：			
处理方案：			

锲而舍之朽木不折；锲而不舍，金石可镂

任务测评

一、知识测评

确定本任务关键词,按重要程度进行关键词排序并举例解读。

根据自己对重要信息捕捉、排序、表达、创新和划分权重能力进行自评，满分 100 分，见表 2-3-1。

表 2-3-1　交车与回访知识测评表

序号	关　键　词	举 例 解 读	评分自定
1			
2			
3			
4			
5			
总分			

二、能力测评

对表 2-3-2 所列作业内容，操作规范即得分，操作错误或未操作得零分。

表 2-3-2　交车与回访能力测评表

序号	能　力　点	配分	得分
1	交车送别	25	
2	填写结算单	25	
3	拨打回访电话	25	
4	填写回访记录表	25	
总分		100	

三、素养测评

对表 2-3-3 所列素养点，做到即得分，未做到得零分。

表 2-3-3　交车与回访素养测评表

序号	素　养　点	配分	得分
1	场地“5S”	20	
2	规范操作	20	
3	良好礼仪	20	
4	细心沟通	20	
5	团队协作	20	
总分		100	

四、拓展训练

（1）在通知客户接车前，应该做好哪些准备（满分 25 分）？

（2）如果交车时发现问题，不能按时交车，应该如何处理（满分 25 分）？

（3）请按照图 2-3-1 所示思维导图格式，对交车与回访的学习收获进行总结，重点思考“定期回访”对业务促进的理解，同时结合自身以及身边事列举不低于 3 个和回访有关的生活案例，进一步理解回访的益处（满分 50 分）。

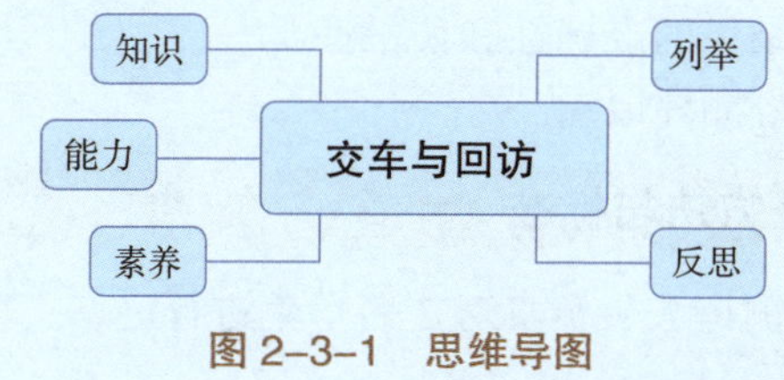

图 2-3-1　思维导图

学习笔记

学习考评

一、考评项目

根据所学，请完成对郑先生的维修接待，并完成考评报告。

二、实施准备

1. 学生准备

学生在按照教学进度计划，已经完成了以下学习任务并达到75分以上，可进行该学习成果的实施。

（1）理解并完成学习成果需要的相关知识和方法的学习，得分大于75分。

（2）按质、按量完成相应作业，得分大于80分。

（3）运用学习成果需要的相关知识和方法进行作业，得分大于75分。

（4）按时具有自觉遵守技术标准和要求规定、规范操作、安全、环保、“7S”作业、团结协作的好习惯，得分大于80分。

（5）能制定故障车维修接待的方案。

2. 教师准备

（1）在安排学生实施学习成果前，通过课堂问题研讨、作业、实训和考核及其他方式，确认学生已经具备了实施学习成果所需的知识、技能和素养，并确保学生在安全状态下独立进行。

（2）对协助教师进行测评的学生进行测评和监督方法的培训，确保测评结果的准确性和公平性。

（3）准备好测评记录。

三、验证方法与标准

（1）每位测评人员负责对2名学生进行定点、全过程的监控和测评。

（2）详细记录学生在实施学习成果过程中的相关信息、数据、结果、操作方法、完成时间，以及出现错误、事故等情况。

（3）学习成果的作业过程和数据记录等，要求在90分钟内完成，时间不足，可在即将结束时，口述剩余部分的作业方法。

（4）考核内容及评分标准见下表。

考核内容及评分标准

序号	评分项目	得分条件	评分标准	配分	扣分
1	安全/5S/态度	□1. 能做好工作场地内的所有物品整理分类 □2. 能将工作场所的物品定置定位摆放 □3. 能将工作场所打扫干净 □4. 能经常进行整理、整顿、清洁、清扫工作 □5. 能消除隐患、排除险情，预防安全事故，保障人身安全	未完成1项扣3分，扣分不得超15分	15	
2	专业技能能力	□1. 能按照预约流程熟练、规范地完成预约服务 □2. 能正确填好预约登记表 □3. 能按照接待准备流程，做好准备工作 □4. 能按照接待流程，熟练、规范地完成客户接待服务	未完成1项扣5分，扣分不得超70分	70	

续表

序号	评分项目	得分条件	评分标准	配分	扣分
2	专业技能能力	□ 5. 能按照环车预检流程，熟练、规范地和客户一起完成环车预检 □ 6. 能熟练运用 5W2H 法进行故障问诊 □ 7. 能正确填写接车检查单 □ 8. 能按照制单流程，正确完成维修委托书 □ 9. 能够熟练完成派工维修 □ 10. 能做好增项处理 □ 11. 能按照交车结算流程，熟练、规范地完成交车结算服务 □ 12. 能够熟练填写结算单 □ 13. 能按照回访客户流程，熟练、规范地对客户进行回访 □ 14. 能熟练完成电话回访记录表	未完成1项扣5分，扣分不得超70分	70	
3	表单填写与报告的撰写能力	□ 1. 字迹清晰 □ 2. 语句通顺 □ 3. 无错别字 □ 4. 无涂改 □ 5. 无抄袭	未完成1项扣1分，扣分不得超5分	5	
4	与客户沟通交流的能力	□ 1. 使用文明用语 □ 2. 掌握维修预约、接待、交车、回访基本沟通语言	未完成1项扣5分，扣分不得超10分	10	
合计				100	

四、考评报告

说明：考评分为理论考评和实操考评，理论考评根据项目要求以及考评模板格式制定项目实施方案，方案经老师审核合格后，方可进行实操考评。考评报告模板详见附录 A。

学习笔记

学习笔记

拓展阅读

5S 之整顿

定义:必需品依规定定位、定方法摆放整齐有序，明确标示。

目的：不浪费时间寻找物品，提高工作效率和产品质量，保障生产安全。

方法:把需要的人、事、物加以定量、定位。通过前一步整理后，对生产现场需要留下的物品进行科学合理的布置和摆放，以便用最快的速度取得所需之物，在最有效的规章、制度和最简洁的流程下完成作业。

① 物品摆放要有固定的地点和区域，以便于寻找，消除因混放而造成的差错；

② 物品摆放地点要科学合理。例如，根据物品使用的频率，经常使用的东西应放得近些（如放在作业区内），偶尔使用或不常使用的东西则应放得远些（如集中放在车间某处）；

③ 物品摆放目视化，使定量装载的物品做到过目知数，摆放不同物品的区域采用不同的色彩和标记加以区别。

方锐的 5S 之旅

方锐同学处理了整理后不要的物品，将留下的物品按照使用频次、取用方便以及安全的要求，规定了具体存放位置，并全部试验了一遍，感觉很爽!

思考:你按照整顿的要求,将自己的物品定位、定置摆放一下，观察教室、实训室物品摆放是否符合安全、高效取用的原则。

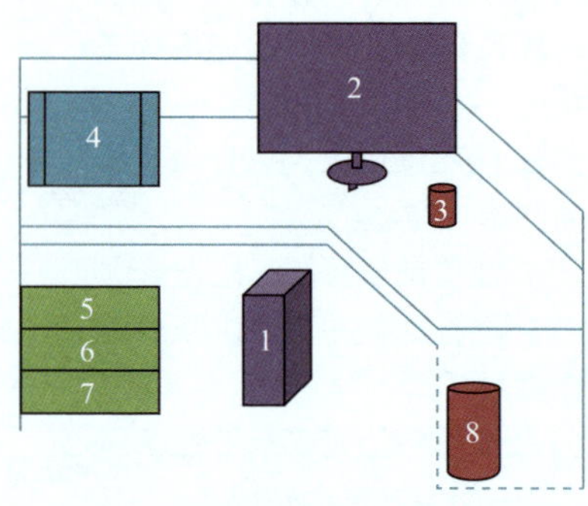

办公桌物品定置定位摆放示例

1—计算机主机；2—显示器；3—水杯；4—文件筐；
5—常用工具；6—常用资料；7—日常个人物品；8—垃圾筐

项目三　接待返修客户

一、项目描述

完成返修客户的接待。

二、项目要求

依据客户投诉处理流程和返修流程，完成返修客户接待。

（1）投诉接待；

（2）返修接待。

三、学习目标

（1）能够说出客户投诉原因分类；

（2）能够说出客户投诉处理原则；

（3）能够掌握客户投诉处理技巧；

（4）能够说出投诉客户类型及掌握应对方法；

（5）能够说出返修车辆出现的原因；

（6）能够接收客户投诉、倾听抱怨、安抚情绪；

（7）能够规范完成事件核实；

（8）能够与客户进行良好沟通，协商解决方案；

（9）能够顺利规范完成交车；

（10）能够养成良好的职业规范和认真、热情的工作态度；

（11）养成防微杜渐的职业态度。

四、学习载体

今天天气有些阴沉沉的，服务顾问小李在昨日的短暂休假后，一早来到美美4S店。小李在做好售后服务前台卫生后，想着看看今天都有哪些工作要完成。正在这时，赵先生快步来到4S店的服务中心，边走边吵着要投诉4S店，小李连忙上前接待，见下图。

小李到服务中心门口迎接客户

学习笔记

学习笔记

任务一　投诉处理

职业行动

步骤一：作业准备

1. 工作地点

选择汽车售后服务中心的售后接待前台、客户休息室、停车场。

2. 工作设施

办公电话、办公桌、座椅、计算机、打印机、对讲机。

3. 工具用品

写字板、笔、水杯、水。

步骤二：到店投诉受理

赵先生来到汽车售后服务中心，服务顾问小李上前问好。

小李："先生您好，请问有什么可以帮到您？"

赵先生很生气地说："我刚在你们这补的漆，怎么这么快就掉了，这咋补的啊，我要投诉你们。"

步骤三：安抚情绪

1. 接受投诉，安抚情绪

小李见赵先生有些激动，一边安抚赵先生的情绪，一边引导他到没有其他客户在的停车场上。

小李："先生您别着急，请问您贵姓？"

赵先生："我姓赵。"

小李："赵先生，很抱歉出现了这样的问题。您先别生气，您的车是停在哪里了呢？我和您一起去看一下您的爱车好吗？"

赵先生："行吧，行吧。车在这边呢。"

小李："好的，我和您一起去看一下。"

职业知识

客户投诉原因分类

分类	说　明
服务质量	服务客户时，服务人员的服务态度不良或与客户沟通不够等
维修技术	故障一次或多次未能修好等
维修价格	客户认为维修价格与其期望的价格相差太大等
维修不及时	在维修过程中，未能及时供应备件或维修不熟练，或者对维修工作量估计不足，没有同客户沟通交车时间等
备件质量	备件质量差，使用寿命短等
产品质量	由于设计、制造或装配不良而产生质量缺陷

客户投诉处理原则

原则	说　明
掌握政策 正确判别	当客户向企业抱怨时，企业应认真听取，并正确区分抱怨的实质，分析其因果关系，然后判断抱怨是否正确合理。 要做到这一点不能只凭企业的个人意愿，必须要掌握和了解国家的有关法律、行业管理部门的有关规章，这一点至关重要。 对于不合理、不合法、不合情的无理抱怨要求不能迁就，必须坚持原则，坚决否定
以理服人 礼貌待客	在坚持原则的前提下不能违背服务宗旨，仍要礼貌待人，绝对不能据理而失礼，更不能用极端方式处理，这是服务原则所不允许的
调查分析 实事求是	接到客户投诉必须调查分析，不能为了讨好客户或者偏袒员工而听取单方面的说辞，要向有关人员了解维修的全过程，听取被抱怨人的表述，以期得到合理的判断，实事求是地解决问题

视频

3-1　客户投诉处理

勿以善小而不为，勿以恶小而为之

学习笔记

2. 倾听抱怨，继续安抚情绪

来到车旁，服务顾问小李仔细查看车漆情况（见图 3-1-1）。这时，赵先生忍不住在旁边抱怨了起来。

图 3-1-1　小李在仔细查看车漆

赵先生：“我开车不小心碰柱子上剐蹭掉一块漆，本来就很闹心。周一在你们这补的漆，今早出门的时候发现漆又掉了。今天周日，这刚补完还没到一周呢，这漆补的质量也太差了。”

小李：“您别着急，我们会尽快解决您的车漆问题的。我现在马上给您找来我们这最好的维修技师看一下您这个漆。您看这样好吗？”

赵先生：“行吧。”

步骤四：安排客户

小李带赵先生来到了客户休息室。

小李：“那赵先生，维修技师检查需要一定的时间，我先带您到客户休息室休息一下吧。”

小李：“赵先生，您请坐。我去给您倒杯水。”

赵先生：“谢谢。”

小李：“那您稍作休息，我请我们的维修技师为您的爱车掉漆查明原因，稍后有结果会第一时间通知您。”

赵先生：“好。”

客户投诉处理技巧

- 热情礼貌地接待客户，虚心听取客户意见，让客户倾诉自己的怨言，不要急于为自己开脱。
- 请客户到单独接待室内交流，以免干扰和影响其他客户。
- 注意心理换位，把自己置身于车主的处境来考虑问题。
- 用丰富的专业知识向客户解释。
- 耐心地与客户沟通，争取与客户取得一致，不要急于打发客户。更不能随意向客户许诺。
- 要一次性地和及时地处理问题，避免造成客户投诉升级

投诉客户类型及应对方法

类型	特　征	应对方法
宣泄型	来抱怨宣泄是主要目的之一，本身在来店之前并没有明确的目的来索取赔偿或者歉意，例如加价购买车辆、超出保修期的维修、保养费用过高的抱怨	花点时间耐心听；热应对，冷处理
习惯型	习惯于挑毛病或指出不足；本身并没有什么特别的或者特定的不满，喜欢表现自己的见多识广和高人一等	用谦虚的态度、表现尊敬的神态，耐心听取；热应对，冷处理
现实型	客户本身并没有什么抱怨或者对我们的处理感到可以接受，但客户的上司、配偶或者朋友有很多意见、建议，客户夹在中间进退两难	动之以情，晓之以理，让客户作出自己的判断；直接和客户的上司、配偶对话
找事型	不管问题大小，无论如何也要个说法，甚至宁愿自己承担维修费用也在所不惜，精力旺盛	很难接待，需要讲究策略

学习笔记

任务测评

一、知识测评

确定本任务关键词，按重要程度进行关键词排序并举例解读。

根据自己对重要信息捕捉、排序、表达、创新和划分权重能力进行自评，满分 100 分，如表 3-1-1 所示。

表 3-1-1　投诉处理知识测评表

序号	关　键　词	举 例 解 读	评分自定
1			
2			
3			
4			
5			
总分			

二、能力测评

对表 3-1-2 所列作业内容，操作规范即得分，操作错误或未操作得零分。

表 3-1-2　投诉处理能力测评表

序号	能　力　点	配分	得分
1	投诉受理	20	
2	安抚情绪	30	
3	倾听抱怨	30	
4	安顿客户	20	
总分		100	

三、素养测评

对表 3-1-3 所列素养点，做到即得分，未做到得零分。

表 3-1-3　投诉处理素养测评表

序号	素　养　点	配分	得分
1	规范服务，增强客户信任	25	
2	良好礼仪，提升客户好感度	25	
3	清晰表达，与客户良好沟通	25	
4	真诚接待，提供细致贴心的服务	25	
总分		100	

四、拓展训练

（1）与用户约好下午 4 点取车，但客户到了之后车还没修好。客户很不高兴，等到 4 点半，服务顾问告知客户还得再等半小时。客户因为不能及时去接孩子放学十分不满，因此投诉。请对此案例进行分析（满分 25 分）。

（2）客户抱怨同一个问题总是间歇性出现，反复维修都没有修好，请你处理这位客户的抱怨（满分 25 分）。

（3）请按照图 3-1-2 所示思维导图格式，对投诉处理的学习收获进行总结，思考。面对客户投诉，我们应该用怎样的同理心来妥善解决问题，你有投诉的经历吗（满分 50 分）？

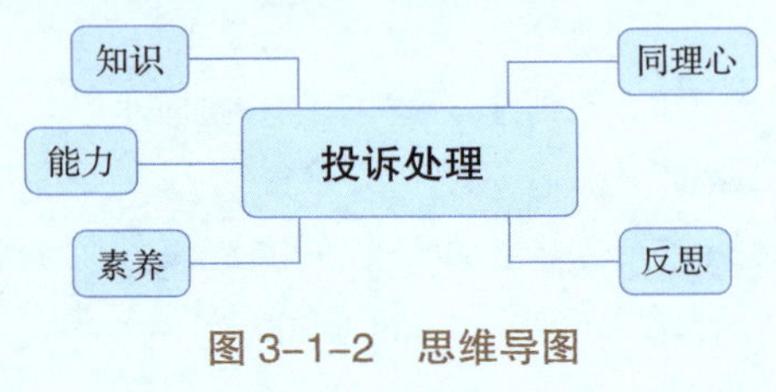

图 3-1-2　思维导图

学习笔记

任务二　返修接待

职业行动

步骤一：作业准备

1. 工作地点

选择汽车售后服务中心的售后接待前台、客户休息室、服务停车区、维修车间。

2. 工作设施

办公电话、办公桌、座椅、计算机、打印机、对讲机。

3. 工具用品

写字板、笔、水杯、水、汽车防护用具。

步骤二：事件核实

1. 查询维修记录

服务顾问小李询问赵先生的信息，迅速查询维修记录。

小李："先生，您先别激动，请您先告知一下您的姓名、车型以及车牌号，我给您查询一下维修记录。"

赵先生："赵明，我的车是宝来，我的车牌号是吉 B×××××。"

2. 检查车辆

小李："王师傅，客户的车检查的怎么样了。"

3. 分析原因

王师傅："小李啊，他的车掉漆是因为他的剐蹭比较深，上次在喷漆前打磨掉了原漆面，但是没有完全打磨掉刮蹭部位金属板材上的锈迹，然后这两天天气变化还比较大，又下雨又暴晒，这也是他的车漆为什么这么快就掉了。"

小李："好的，我知道了，辛苦王师傅了。"

职业知识

返修车辆出现的状况

- 原来良好的零件被损坏（隐瞒不报）。
- 定期保养车辆出现维修质量（隐瞒不报）。
- 原有的故障再次发生。
- 因本次维修而引起新的故障。
- 在成品检验时，发现有故障未排除或未进行彻底排除

返修车辆出现外部原因

- 销售时遗留的问题

包含销售员的承诺未履行，寻求心理平衡，销售员对购买产品的权利义务向客户交待不清楚等。

- 服务态度

包含服务人员不够热情，说明解释工作不清楚，服务人员缺乏耐心等。

- 维修质量

包含首次修复中的同一问题多次出现，问题长时间没有解决，未对客户车辆进行防护，出厂时车辆有故障遗留等。

- 服务承诺没有履行

包含未按约定时间交车，结算金额超出预期，未使用纯正配件，未按客户要求作业，日积月累的不满意等。

- 客户自身的原因

包含客户不正确的理解，服务产品的说明不清晰，客户对产品操作不当，对产品的性能不了解，未按操作规范使用，客户的期望值过高，希望产品不出问题，对维修时间要求较高，节省费用等

学习笔记

4. 问题反馈

服务顾问小李将赵先生的问题反馈给了服务经理。

步骤三：协商方案

1. 告知原因

小李："赵先生，打扰您一下。掉漆的原因已经为您查明了。车漆没有什么问题。是由于我们喷漆师傅的不细心，在喷漆前没有完全打磨掉刮蹭部位金属板材上的锈迹，再加上刚补完漆，就赶上这两天又下雨又暴晒，造成车漆这么快就脱落了。这是我们工作的失误，给您带来了了不必要的麻烦，十分抱歉。"

2. 协商方案，适当补偿

小李："赵先生，我们现在马上就派最好的喷漆师傅为您重新补漆，当然这次补漆是免费的。另外，我看您车里还有儿童座椅，想必您是有小孩子的。为表示歉意，我们送您一个车载小桌板。您看这样可以吗？"

赵先生："可以。"

小李："那好的，赵先生，您在休息室稍等一会。我们的师傅现在就重新补漆。"

3. 返修记录

小李根据客户上次维修信息以及本次返修情况，填写了返修记录表。

步骤四：执行方案

1. 返修

（1）小李立即安排维修技师进行返修。

（2）王师傅重新为赵先生的车进行补漆。

2. 质检

（1）王师傅补漆后，质检员对赵先生的车漆情况做了详细的检验。在确定没有问题之后，质检员用对讲机联系了小李。

（2）小李来到了服务交车区，对赵先生的车漆情况做了最后的检查。

返修车辆出现内部原因

- 修理工工作马虎大意，操作不规范。
- 故障判断错误。
- 维修时故障不明显，未被发现和排除。
- 属技术难题，经技术人员会诊仍未找出确切原因。
- 班组完工后未认真检查

车辆返修记录表

返修记录表

<table>
<tr><td colspan="2">编号：</td><td>□内返</td><td></td><td>□外返</td><td></td><td colspan="2">年　月　日</td></tr>
<tr><td>车牌号</td><td></td><td>车型</td><td></td><td colspan="2">原维修日期</td><td colspan="2">年　月　日</td></tr>
<tr><td>原操作者</td><td></td><td>原班组长</td><td></td><td>原维修接待</td><td></td><td>本次接待</td><td></td></tr>
<tr><td>检修项目</td><td colspan="7"></td></tr>
<tr><td>返修原因</td><td colspan="7">□配件品质不良□工作方法不正确□操作者疏忽□交修不清□车辆制造品质不良□管理不良□其他
注明：</td></tr>
<tr><td rowspan="2">采取对策</td><td colspan="2">重复操作者</td><td colspan="2"></td><td>返修费用</td><td colspan="2"></td></tr>
<tr><td colspan="2">返修操作内容</td><td colspan="5"></td></tr>
</table>

学习笔记

3. 交车

（1）通知客户。

小李来到休息室，通知赵先生车漆修补完毕。带着赵先生一起去验车。

小李：“赵先生，您的车漆已经补好了，我们去看一下吧。”

赵先生：“好的。”

（2）一起验车。

小李指着补漆位置，和赵先生说：“您看一下，这就是刚才补漆的地方，已经修补完毕了。”

赵先生：“嗯，没什么问题了。”

（3）执行补偿方案。

小李：“好的，赵先生，这是给您的小桌板，请您收下。好多家里有娃的客户都跟我说过这个车载小桌板真的很好用，想必您也一定用的上的。”

赵先生：“谢谢你啦。”

（4）客户关怀。

小李：“您客气了，这是我应该做的。以后在车辆的使用上您有什么问题，随时打电话给我。”

（5）回访告知。

小李：“赵先生，我们还会在三天之内对您进行电话回访。不知道您什么时候接听电话比较方便呢？”

赵先生：“我一般上午 10 点到 12 点有时间。”

小李：“好的，赵先生。”

（6）送别。

赵先生：“我一会还有事，我先走了。”

小李挥手目送赵先生开车离开：“赵先生再见。”

一次修复	
概念	第一次维修就能完全修复
判定标准	第一个问题：是否一次就修好？ 第二个问题：是否在承诺的时间内交车？ 第三个问题：维修时间是否合理？

提升一次修复率方法	
流程管控方面	为了提高一次修复率，必须坚持严格的管理流程，包括客户维修预约的记录、进厂的问诊、任务委托书的制订、出厂前的检验以及交车说明等，任何一个环节出了问题，都会影响一次修复率
客户沟通方面	为了提高一次修复率，必须加强与客户的沟通，尤其是接车制单以及交车结算环节，把握好进口和出口，确保客户的理解和客服的理解一致
零件供应方面	为了提高一次修复率，必须保证配件的及时供应，尤其是紧急订货和临时订货，必须确保准确；否则，一旦订货出现问题，客户自然会认为服务质量有问题
加强技术诊断环节	从报修开始就开始分类，服务顾问只完成客户沟通的职能，一旦涉及技术诊断，必须要申请技术支援，最大程度地避免人为因素带来的误诊或错诊

学习笔记

任务测评

一、知识测评

确定本任务关键词,按重要程度进行关键词排序并举例解读。

根据自己对重要信息捕捉、排序、表达、创新和划分权重能力进行自评，满分 100 分，如表 3-2-1 所示。

表 3-2-1　返修接待知识测评表

序号	关　键　词	举 例 解 读	评分自定
1			
2			
3			
4			
5			
总分			

二、能力测评

对表 3-2-2 所列作业内容，操作规范即得分，操作错误或未操作得零分。

表 3-2-2　返修接待能力测评表

序号	能　力　点	配分	得分
1	事件核实	25	
2	协商方案	25	
3	填写返修记录表	25	
4	交车送别	25	
总分		100	

三、素养测评

对表 3-2-3 所列素养点，做到即得分，未做到得零分。

表 3-2-3　返修接待素养测评表

序号	素　养　点	配分	得分
1	规范服务，增强客户信任	25	
2	良好礼仪，提升客户好感度	25	
3	清晰表达，与客户良好沟通	25	
4	场地“5S”，创造良好接待环境	25	
总分		100	

四、拓展训练

（1）客户到店对车辆的维修质量明确表明不满意,要求返修，请对此客户进行接待（满分 25 分）。

（2）作为服务顾问，如何避免客户到店返修（满分 25 分）。

（3）请按照图 3-2-1 所示思维导图格式，对返修接待的学习收获进行总结，思考：如何提高返修接待问诊的质量，做好维修人员和客户之间的桥梁。结合自身以及身边事列举 5 个具体事例谈谈对“细心、耐心”的理解（满分 50 分）。

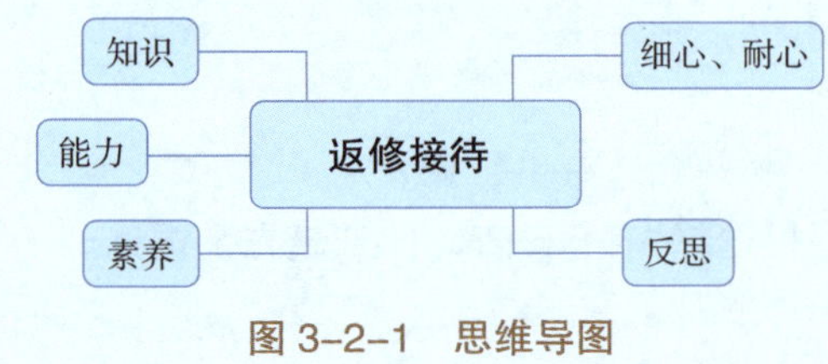

图 3-2-1　思维导图

学习笔记

学习考评

一、考评项目

根据所学，请完成对赵先生到店投诉的处理以及返修接待，并完成考评报告。

二、实施准备

1. 学生准备

学生在按照教学进度计划，已经完成了以下学习任务并达到75分以上，可进行该学习成果的实施。

（1）理解并完成学习成果需要的相关知识和方法的学习，得分大于75分。

（2）运用学习成果需要的相关知识和方法进行作业，得分大于75分。

（3）按时、按质、按量完成相应作业，得分大于80分。

（4）具有自觉遵守技术标准和要求规定、规范操作、安全、环保、“7S”作业、团结协作的好习惯，得分大于80分。

（5）能制定接待投诉和返修客户的方案。

2. 教师准备

（1）在安排学生实施学习成果前，通过课堂问题研讨、作业、实训和考核及其他方式，确认学生已经具备了实施学习成果所需的知识、技能和素养，并确保学生在安全状态下独立进行。

（2）对协助教师进行测评的学生进行测评和监督方法的培训，确保测评结果的准确性和公平性。

（3）准备好测评记录。

三、验证方法与标准

（1）每位测评人员负责对2名学生进行定点、全过程的监控和测评。

（2）详细记录学生在实施学习成果过程中的相关信息、数据、结果、操作方法完成时间，以及出现错误、事故等情况。

（3）学习成果的作业过程和数据记录等，要求在60分钟内完成，时间不足，可在即将结束时，口述剩余部分的作业方法。

（4）考核内容及评分标准见下表。

考核内容及评分标准

序号	评分项目	得分条件	评分标准	配分	扣分
1	安全/5S/态度	□ 1. 能做好工作场地内的所有物品整理分类 □ 2. 能将工作场所的物品定置定位摆放 □ 3. 能将工作场所打扫干净 □ 4. 能经常进行工整理、整顿、清洁、清扫工作 □ 5. 能消除隐患、排除险情，预防安全事故，保障人身安全	未完成1项扣3分，扣分不得超15分	15	
2	专业技能能力	□ 1. 能够完成投诉受理 □ 2. 能掌握不同客户不同应对方法 □ 3. 能够安抚客户情绪 □ 4. 能够认真倾听客户抱怨	未完成1项扣7分，扣分不得超60分	65	

学习笔记

续表

序号	评分项目	得分条件	评分标准	配分	扣分
2	专业技能能力	□ 5. 能够安排好客户休息 □ 6. 能够完成事件核实 □ 7. 能够用简而易懂的语言告知客户返修原因 □ 8. 能够与客户进行良好沟通，协商解决方案 □ 9. 能完成返修记录表 □ 10. 能够执行返修方案 □ 11. 能与客户沟通验车 □ 12. 能执行补偿方案 □ 13. 能够进行客户关怀	未完成1项扣7分，扣分不得超60分	65	
3	表单填写与报告的撰写能力	□ 1. 字迹清晰 □ 2. 语句通顺 □ 3. 无错别字 □ 4. 无涂改 □ 5. 无抄袭	未完成1项扣1分，扣分不得超5分	5	
4	与客户沟通交流的能力	□ 1. 使用文明用语 □ 2. 掌握投诉处理话术技巧 □ 3. 掌握返修接待基本沟通语言	未完成1项扣5分，扣分不得超10分	15	
合计				100	

四、考评报告

说明：考评分为理论考评和实操考评，理论考评根据项目要求以及考评模板格式制定项目实施方案，方案经老师审核合格后，方可进行实操考评。考评报告模板详见附录 A。

学习笔记

拓展阅读

5S 之清扫

定义：清除现场内的脏污、清除作业区域的物料垃圾。

目的：清除“脏污”，保持现场干净、明亮。将工作场所之污垢去除，使异常之发生源很容易发现，是实施自主保养的第一步，主要是在提高设备工作效率。

方法：确定清扫区域、确定清扫路线，移动一切可以移动的物品，不留死角。

① 自己使用的物品，如设备、工具等，要自己清扫，而不要依赖他人，不增加专门的清扫工；

② 对设备的清扫，着眼于对设备的维护保养。清扫设备要同设备的点检结合起来，清扫即点检；清扫设备要同时做设备的润滑工作，清扫也是保养；

③ 清扫也是为了改善。当清扫地面发现有飞屑和油水泄漏时，要查明原因，并采取措施加以改进。

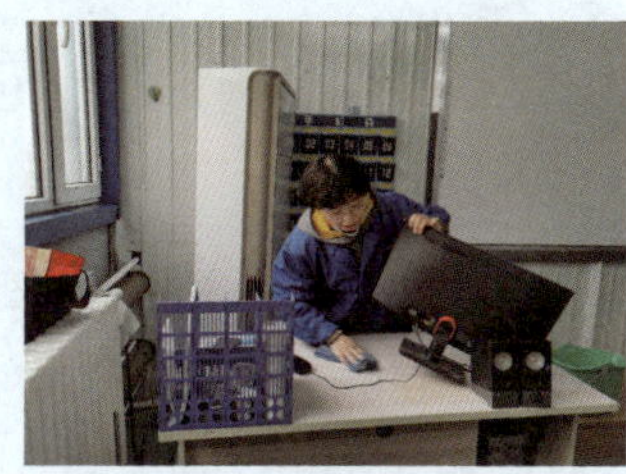

邹老师在清扫教室

方锐的 5S 之旅

方锐同学按照清扫要求，一丝不苟地将寝室进行了一次彻底的大扫除，以前从未干过家务的他，有了很多惊奇地发现，一些从未注意的角落布满了灰尘，从未移动的物品下竟然有很多纸屑，通过这次 5S 清扫的训练，方锐同学好像发现了一个新世界，为自己以前的视而不见感到震惊。

思考：你按照清扫的要求，将寝室彻底清扫一次，同时思考一个问题，将衣物洗干净存放是否属于清扫范围？观察教室、实训室清扫得是否彻底？

学习笔记

项目四　接待保修索赔客户

一、项目描述

完成保修索赔客户的接待。

二、项目要求

依据保修索赔接待流程，完成保修索赔客户接待。

（1）保修接待。

（2）保修索赔。

三、学习目标

（1）能够说出保修索赔的定义、分类、目的；

（2）能够说出索赔员应具备的业务能力；

（3）能够说出索赔员的工作职责；

（4）能够依据保修索赔接待流程，规范地接待保修索赔客户；

（5）能够初步判定客户是否符合保修索赔条件；

（6）能够规范地与索赔员交接工作；

（7）能够规范地与客户进行索赔结果沟通；

（8）能够规范地填写接车检查单、维修检查报告单、索赔结算单；

（9）能够养成良好的职业规范和认真、热情的工作态度；

（10）树立勤勉、精进的学习工作观。

四、学习载体

今天一早王先生的车再次出现了点火失灵的情况，恰好今天王先生休假，便驾车来到了美美 4S 店。服务顾问小李看到有车进入汽车售后服务中心，她带上写字板、笔、接车检查单和汽车防护用品来到服务停车区，迎接王先生（见下图）。

小李到服务停车区迎接王先生

任务一　制单与维修

职业行动

步骤一：作业准备

1. 工作地点

选择汽车售后服务中心的售后接待前台、服务停车区、维修车间。

2. 工作设施

办公电话、办公桌、座椅、计算机、打印机、对讲机。

3. 工具用品

写字板、笔、预约登记表、接车检查单、维修检查报告单、汽车防护用品、名片。

步骤二：迎接客户，询问到店原因

服务顾问小李将名片递给王先生，做自我介绍并询问王先生到店原因。

小李:“您好，美美 4S 店，我是服务顾问小李，这是我的名片。请问有什么可以帮助您？您是来保养还是维修的呢？”

王先生：“我的车坏了，我来修一下。”

小李：“好的，先生。请问您的爱车出现了什么问题？”

王先生：“我的车最近经常出现点火失灵的情况，最近有几次得多次点火才能着车。你给找下维修技师，检查检查，看看是什么原因。”

步骤三：登记客户信息，进行环车检查

小李拿出接车检查单，为王先生登记相关信息，并与王先生一起进行环车检查。

小李：“好的，我先帮您进行一下信息登记，请您出示一下您的行驶证，”

职业知识

保修索赔定义

汽车保修索赔是指在其规定的保修期限以内，为其制造并经合法登记、正常使用的汽车提供免费保修服务，包括对整车、零部件（或配件）及自费更换的原厂备件的免费服务承诺

保修索赔业务分类

保修分类	类别	内容说明
按保修类型分类	标准保修	在保修期内零部件失效或异常，给予免费维修或更换
	召回保修	涉及国家安全标准等法律的故障，影响到车辆基本功能的使用，如行驶、转向、制动等，同时对市场有较大影响的故障，给予维修或更换
	特殊条件保修	根据具体情况处理的免费维修或更换，以确保客户权益
按保修内容分类	汽车制造公司保修	按汽车制造公司的保修制度规定，如由于汽车制造公司制造的责任产品出现问题，汽车制造公司应根据保修说明书所规定期间和条款，为客户进行免费维修或更换
	用品保修	用品分为生产汽车时安装的用品（即汽车制造公司选装件）以及其后安装的用品（即 4S 店选装件），在其规定保修期内，给予免费保修
	汽车维修保修	汽车在 4S 店内进行维修或定期保养的期间出现问题，将负责该部分免费维修或更换

小李："好的，王先生，我帮您先做一个环车检查，您的车上有贵重物品吗？请您带好贵重物品。要是不方便携带，我们这里有储物柜，可以放到储物柜里。"

王先生："好的。"

小李："王先生，您的爱车行驶里程是 23 009 千米，油箱在三分之二处，车辆外观和内部都没什么问题。这边请。"

步骤四：查询车辆是否在质保期内

小李引导王先生回到汽车售后服务接待前台，查询客户及车辆信息，确认客户车辆是否在保修期内（见图 4-1-1）。

小李："王先生，我查询了一下您的车辆信息，显示您的车在保修期内。"

王先生："好的。那我的车是免费维修吗？"

小李："这还要一会等我们维修技师的具体检查结果出来，看您本次维修项目是否符合索赔条件，请您稍等一下。"

图 4-1-1　小李在查询车辆信息

步骤五：安排客户

小李："接下来我会找我们的维修技师针对您车辆点火失灵的

索赔员应具备的业务能力

- 良好的业务素质。

  ①要了解所维护的汽车产品的共性和特性。

  ②具有全面的汽车理论知识。

  ③良好的故障判断能力和故障成因分析能力。

  ④良好的维修方法和维修知识。
- 良好的人员沟通能力。
- 熟知国家法律、法规和厂商的售后服务政策，如《产品质量法》《消费者权益保护法》等。
- 熟记厂商的服务政策和索赔规定，尤其是质量保证的时间和里程（一些零部件的质保时间和里程与整车是不同的）。
- 熟知厂商的索赔手续和办事程序。
- 了解配件的供货渠道、供货方法以及运货途径。
- 熟知厂商三包费用结算流程

索赔员工作职责

- 熟悉授权公司索赔业务的具体工作流程。
- 负责协助业务接待，认真检查索赔车辆，做好车辆索赔的鉴定，保证索赔的准确性。
- 负责按规范流程处理索赔申请及相应索赔事务。
- 负责定期整理和妥善保存所有索赔档案。
- 负责在授权公司开展的质量返修和相关活动中，报表资料的传递与交流。
- 负责按授权公司要求妥善保管索赔件和及时按要求回运。
- 负责客观真实地开展索赔工作，不得弄虚作假，并及时向管理层汇报工作状况。
- 主动收集、反馈有关车辆维修质量、技术等相关信息给相关部门。
- 积极向客户宣导授权公司的索赔条例。
- 完成部门负责人交办的相关工作

学习笔记

学习笔记

问题进行详细的检查。我带您去客户休息室稍等一下好吗？”

王先生：“好的。”

步骤六：车辆检查，确定故障原因

服务顾问小李和车间杨主管进行了沟通，安排了车间维修技师小邓进行车辆检查。小邓在进行车辆检查后，通过对讲机联系了小李。

小邓：“小李，车辆检查完毕，你过来一下。”

小邓：“经过检查，发现点火失灵是由于点火开关接触不良造成的，需要进行更换。这是维修检查报告单（索赔），你看一下。”

步骤七：初步审核索赔条件，联络索赔员

小李根据小邓的分析以及维修检查报告单的结果，初步判定王先生符合保修索赔条件后，联络了索赔员小陈进行最后的索赔判定（见图 4-1-2）。

小李通过对讲机呼叫了索赔员小陈。

小李:“好的，我知道了，我通知一下索赔员小陈来看一下。”

小李：“小陈，小陈。我是服务顾问小李，需要你现在来车间给看一下这个件儿符不符合索赔条件。”

小陈：“好的，我这就过去。”

图 4-1-2　小李在呼叫小陈

质保索赔流程示例

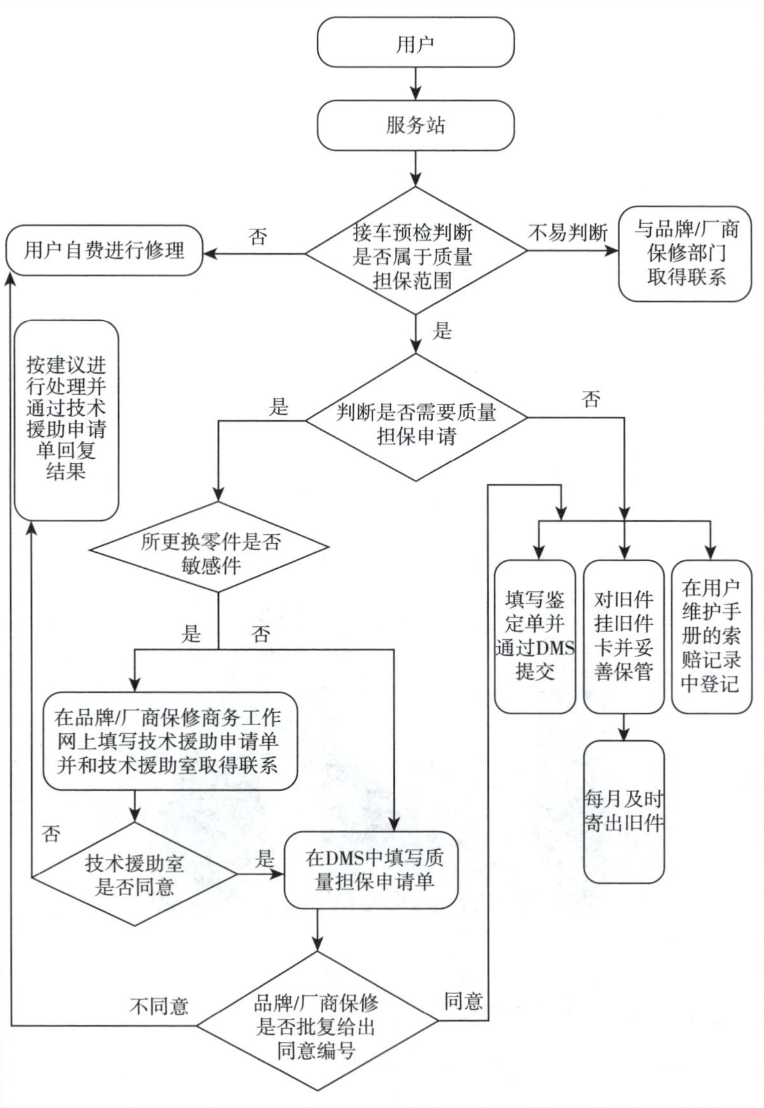

用户

服务站

接车预检判断是否属于质量担保范围

否：用户自费进行修理

不易判断：与品牌/厂商保修部门取得联系

是

判断是否需要质量担保申请

是

否

所更换零件是否敏感件

是

否

在品牌/厂商保修商务工作网上填写技术援助申请单并和技术援助室取得联系

技术援助室是否同意

否：按建议进行处理并通过技术援助申请单回复结果

是：在DMS中填写质量担保申请单

品牌/厂商保修是否批复给出同意编号

不同意

同意

填写鉴定单并通过DMS提交

对旧件挂旧件卡并妥善保管

每月及时寄出旧件

在用户维护手册的索赔记录中登记

学习笔记

任务测评

一、知识测评

确定本任务关键词，按重要程度进行关键词排序并举例解读。

根据自己对重要信息捕捉、排序、表达、创新和划分权重能力进行自评，满分 100 分，如表 4-1-1 所示。

表 4-1-1　保修接待知识测评表

序号	关　键　词	举 例 解 读	评分自定
1			
2			
3			
4			
5			
总分			

二、能力测评

对表 4-1-2 所列作业内容，操作规范即得分，操作错误或未操作得零分。

表 4-1-2　保修接待能力测评表

序号	能　力　点	配分	得分
1	迎接客户	20	
2	环车检查	20	
3	质保查询	20	
4	确定故障原因	20	
5	联络索赔员	20	
总分		100	

三、素养测评

对表 4-1-3 所列素养点，做到即得分，未做到得零分。

表 4-1-3　保修接待素养测评表

序号	素　养　点	配分	得分
1	规范服务，增强客户信任	20	
2	良好礼仪，提升客户好感度	20	
3	清晰表达，与客户良好沟通	20	
4	场地“5S”，创造良好接待环境	20	
5	真诚接待，提供细致贴心的服务	20	
总分		100	

四、拓展训练

（1）作为服务顾问，你知道保修和包修的区别吗（满分 25 分）？

（2）作为服务顾问，你了解汽车“三包”的内容吗？你知道车辆“三包”退换条件是什么吗（满分 25 分）？

（3）请按照图 4-1-3 所示思维导图格式，对保修接待的学习收获进行总结，把你认为“保修接待”应具备的职业品质列出并按照重要程度排序，把排序第一的职业品质填到思维导图的空格里，展开思考（满分 50 分）。

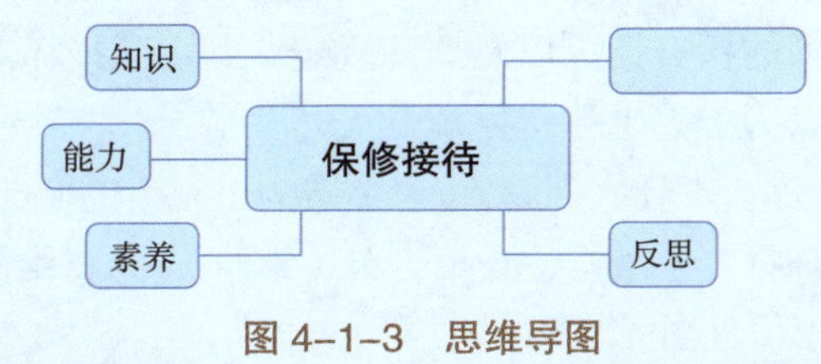

图 4-1-3　思维导图

学习笔记

任务二　保修索赔

索赔判定

步骤一：作业准备

1. 工作地点

选择汽车售后服务中心的售后接待前台、维修车间。

2. 工作设施

办公电话、办公桌、座椅、计算机、打印机、对讲机。

3. 工具用品

写字板、笔、接车检查单、维修检查报告单、索赔结算单、汽车防护用品。

步骤二：确认索赔资格

1. 告知索赔员车辆情况

索赔员小陈来到维修车间后，服务顾问小李和他沟通了车辆情况。

小李："小陈啊，这个客户的车经过检查，发现点火失灵是由于点火开关接触不良造成的，小张已经排除了是人为造成的点火开关问题，现在需要更换点火开关。"

2. 索赔员进行索赔鉴定

（1）小陈根据小李的描述、王先生的车辆情况、车辆保养情况、车间技师的检查情况以及厂商规定，判定了损坏部件符合索赔条件，可以为王先生免费更换点火开关。

小陈："好的，没什么问题，可以免费为王先生更换点火开关。"

（2）小陈批复了维修检查报告单（索赔），并将维修检查报告单反馈给小李（见图 4-2-1）。

相关知识

保修索赔定义

整车保修索赔期	• 整车保修索赔期从车辆开具购车发票之日起的 24 个月内，或车辆行驶累计里程 4 万千米内，两条件以先达到的为准。超出以上两范围之一者，该车就超出保修索赔期。 • 整车保修索赔期内，特殊零部件依照特殊零部件保修索赔期的规定执行。不同品牌规定不同
配件保修索赔期	• 在整车保修索赔期内，由经销店免费更换安装的配件，其保修索赔期为整车保修索赔期的剩余部分，即随整车保修索赔期而结束。 • 由用户付费并由经销店更换和安装的配件，从车辆修竣客户验收合格日和公里数算起，其保修索赔期为 12 个月或 4 万千米（两条件以先达到为准）。在此期间，因为保修而免费更换的同一配件的保修索赔期为其付费配件保修索赔期的剩余部分，即随付费配件的保修索赔期结束而结束

保修索赔业务分类

- 在保修索赔期内，车辆正常使用前提下整车或配件出现质量故障，为修复故障所产生的材料费、工时费属于保修索赔范围。
- 在保修索赔期内，车辆发生故障无法行驶，需要经销店外出抢修，经销店在抢修中的交通、住宿等费用属用于保修索赔范围。
- 汽车制造厂为每一辆车提供两次在汽车经销店进行免费保养，两次免费保养的费用属于保修索赔范围

图 4-2-1　索赔员小陈在批复维修检查报告单

步骤三：工作交接

（1）服务顾问小李根据已完成审批的维修检查报告单（索赔），确认点火开关的库存。

（2）在计算机系统中生成系统单，并在维修检查报告单（索赔）上注明系统单号。

步骤四：与客户确认索赔维修项目

小李来到客户休息区告知王先生故障原因以及维修方案，与王先生确认索赔维修项目，并在维修检查报告单（索赔）上签字确认。

小李："王先生，让您久等了。经过检查，发现发现点火失灵是由于点火开关接触不良造成的，需要更换点火开关。我们的索赔员已经判定您的车符合索赔条件，所以本次维修是免费给您更换点火开关。"

王先生："那太好了。"

小李："那麻烦王先生确认一下维修项目，在维修检查报告单（索赔）上签一下字。"

王先生："好的。"

不属于保修索赔范围

- 从汽车制造厂特许经销店购买的每一辆汽车都同时配有一本《保修保养手册》。不具有该《保修保养手册》，或《保修保养手册》上印章不全或发现擅自涂改《保修保养手册》情况的，汽车经销店有权拒绝客户的保修索赔申请。
- 正常使用、暴露零部件的失效不属于保修范围内，如玻璃、内饰、电镀件、悬架、其他饰件、刮水器、制动盘或制动片、底盘弹簧、减振器、离合器片和手动变速箱，只有存在明显缺陷时才属保修范围。车辆正常例行保养和车辆正常使用中的损耗件不属于保修索赔范围。
- 因不正常保养造成的车辆故障不属于保修索赔范围。如果车辆因为缺少保养或未按规定的保养项目进行保养而造成的车辆故障，不属于保修索赔范围。
- 车辆不是在汽车制造厂授权 4S 店维修，或车辆安装了未经汽车制造厂售后服务部门许可的配件不属于保修索赔范围。
- 客户私自拆卸更换里程表，或更改里程表读数的车辆（不包括汽车经销店对车辆故障诊断维修的正常操作）不属于保修索赔范围；
- 因为环境、自然灾害、意外事件造成的车辆故障不属于保修索赔范围，如酸雨、地震、冰雹、水灾、火灾、车祸等。
- 因为客户使用不当，滥用车辆（如用作赛车）或未经汽车制造厂售后服务部门许可改装车辆而引起的车辆故障不属于保修索赔范围。
- 间接损失不属于保修索赔范围。因车辆故障引起的经济、时间损失（如租赁其他车辆或在外过夜等）不属于保修索赔范围。
- 由于经销店操作不当造成的损坏不在保修索赔范围内。同时，经销店应承担责任并进行修复。
- 在保修索赔期内，客户车辆出现故障后未经汽车制造厂（或汽车经销店）同意继续使用而造成进一步损坏，汽车制造厂只对原有故障损失（须证实属产品质量问题）负责，其余损失责任由客户承担

学习笔记

学习笔记

步骤五：安排客户

小李："王先生，更换点火开关大约需要半小时。此外，我们还为您提供免费洗车服务，大约需要 20 分钟。这样的话大概一个小时后就能够交车，您在店等候吗？"

王先生："嗯，我在店里等会吧。"

小李："好的，王先生。我带您去客户休息区。给您倒杯咖啡，您在客户休息区稍微休息一下。"

步骤六：维修与检验

1. 派工维修

（1）小李将维修检查报告单（索赔）交给车间主管。

（2）小李向车间主管说明维修内容、客户状态、交车时间。

（3）车间主管安排维修技师进行领料和维修操作。

（4）维修技师维修车辆，更换损坏的零部件。

2. 质量检验

（1）过程检验。

（2）维修现场整理。

（3）竣工检验。

（4）清洁车辆。

3. 分析、保存旧件

（1）维修技师分析更换下来的零部件。

（2）填写零部件故障报告。

（3）把更换下来的零部件挂上《索赔旧件悬挂标签》。

（4）登记保修旧件明细表。

步骤七：交车结算

（1）交车准备。

①移动车辆。

续表

- 车辆发生严重事故时，客户应保护现场，并应保管好损坏零件，但不能自行拆卸故障车。经汽车制造厂和有关方面（如保险公司等）鉴定事故原因后，如属产品质量问题，汽车制造厂将按规定支付全部保修及车辆拖运费用。如未保护现场或因丢失损坏零件以致无法判明事故原因，汽车制造厂不承担保修索赔费用。
- 因材料或制造加工而引起的修理或更换属维修配件或附件保修索赔范围，以下内容不属于保修索赔范围。

①配件或附件拆装技术、疏忽、改装、事故和使用不当而引起的损坏。

②配件或附件用于赛车或其他竞赛。

③时间损失、不方便车辆停用损失和其他经济损失

车辆正常例行保养和车辆正常使用中的损耗件

- 润滑油、机油和各类滤清器。
- 火花塞。
- 制动片、离合器片。
- 清洁剂和上光剂等。
- 灯泡。
- 轮胎。
- 刮水片

保修索赔前提条件

- 车辆必须在规定的保修索赔期内。
- 用户必须遵守《保修保养手册》的规定，正确驾驶、保养、存放车辆。
- 所有保修服务工作必须由汽车制造厂设在各地的经销店实施。
- 必须是由经销店售出并安装或原车装在车辆上的配件，方可申请保修

学习笔记

② 确认竣工车辆状况。

③ 打印索赔未结算单。

（2）告知客户，一起验车。

服务顾问小李在维修完成后，去客户休息区告知王先生车已修理完毕，与客户一起去验车，说明维修情况。确认没有问题之后，请客户在索赔未结算单上签字。

小李：“王先生，点火开关已更换完毕，车也已经为您洗好。您可以上车点火试一下。”

小李：“王先生，还有其他问题吗？”

王先生：“没有了。”

小李：“那好的，麻烦您在这个结算单上签个字。”

（3）归还行驶证和车钥匙。

（4）取下汽车防护用品。

（5）车辆关怀。

（6）告知电话回访。

（7）送别。

步骤八：工作交接

（1）小李将维修检查报告单（索赔）索赔联交给索赔员小陈进行索赔资料整理。

（2）小李将索赔未结算单于每日 17:30—18:00 交给索赔员小陈进行索赔资料整理。

（3）索赔员小陈在今日完工出厂的车辆打印索赔结算单并签字，于每日 17:30—18:00 交财务收银员完成财务挂账处理。

索赔结算单式样

索赔结算单

结算日期：

客户		委托书		牌照号	
联系人		电话		移动电话	
地址					
底盘号		进厂日期		发票号	
车型		行驶里程		发动机号	
预计下次保养时间 / 里程		回访方式		回访时间	

维修项目

维修项目代码	项目名称	工时	工时费	性质	项目属性

维修备件

备件代码	备件名称	数量	计量单位	金额	性质

打印日期：
客户签名：

任务测评

一、知识测评

确定本任务关键词，按重要程度进行关键词排序并举例解读。

根据自己对重要信息捕捉、排序、表达、创新和划分权重能力进行自评，满分 100 分，见表 4-2-1。

表 4-2-1 保修索赔知识测评表

序号	关 键 词	举 例 解 读	评分自定
1			
2			
3			
4			
5			
总分			

二、能力测评

对表 4-2-2 所列作业内容，操作规范即得分，操作错误或未操作得零分。

表 4-2-2 保修索赔能力测评表

序号	能 力 点	配分	得分
1	告知索赔员车辆情况，索赔鉴定	20	
2	与索赔员进行工作交接	20	
3	与客户沟通索赔结果	20	
4	维修检验	20	
5	交车结算	20	
总分		100	

三、素养测评

对表 4-2-3 所列素养点，做到即得分，未做到得零分。

表 4-2-3 保修索赔素养测评表

序号	素 养 点	配分	得分
1	规范服务，增强客户信任	25	
2	良好礼仪，提升客户好感度	25	
3	清晰表达，与客户良好沟通	25	
4	真诚接待，提供细致贴心的服务	25	
总分		100	

四、拓展训练

（1）某客户 2016 年 1 月 15 日购买了一辆丰田 RAV4，在 2019 年 5 月 12 日车辆行驶 35 325 km，因质量原因更换散热器，请问该散热器能否质量担保？为什么？（满分 30 分）

（2）某用户于 2017 年 12 月 15 日购买一辆红旗轿车，在 2020 年 4 月 3 日车辆行驶 62 318 km 时右后玻璃电动升降器及导航出现质量问题，请问能否质量担保？为什么？（满分 40 分）

（3）请按照图 4-2-2 所示思维导图格式，对保修索赔的学习收获进行总结，假设你是索赔员，你认为作为索赔员最核心重要的能力是什么？请填写到思维导图的空格中（满分 50 分）。

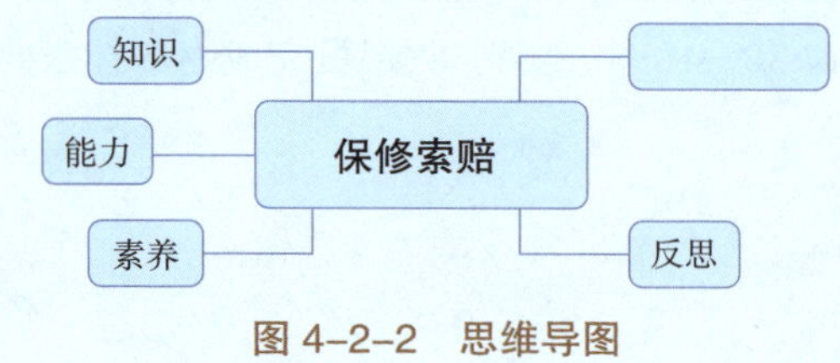

图 4-2-2 思维导图

宝剑锋从磨砺出，梅花香自苦寒来

学习笔记

学习考评

一、考评项目

根据所学,请完成对王先生保修索赔的接待,并完成考评报告。

二、实施准备

1. 学生准备

学生在按照教学进度计划，已经完成了以下学习任务并达到75分以上，可进行该学习成果的实施。

（1）理解并完成学习成果需要的相关知识和方法的学习，得分大于75分。

（2）运用学习成果需要的相关知识和方法进行作业，得分大于75分。

（3）按时、按质、按量完成相应作业，得分大于80分。

（4）具有自觉遵守技术标准和要求规定、规范操作、安全、环保、“7S”作业、团结协作的好习惯，得分大于80分。

（5）能制定保修索赔客户接待的方案。

2. 教师准备

（1）在安排学生实施学习成果前，通过课堂问题研讨、作业、实训和考核及其他方式，确认学生已经具备了实施学习成果所需的知识、技能和素养，并确保学生在安全状态下独立进行。

（2）对协助教师进行测评的学生进行测评和监督方法的培训，确保测评结果的准确性和公平性。

（3）准备好测评记录。

三、验证方法与标准

（1）每位测评人员负责对2名学生进行定点、全过程的监控和测评。

（2）详细记录学生在实施学习成果过程中的相关信息、数据、结果、操作方法、完成时间，以及出现错误、事故等情况。

（3）学习成果的作业过程和数据记录等，要求在90分钟内完成，时间不足，可在即将结束时，口述剩余部分的作业方法。

（4）考核内容及评分标准见下表。

考核内容及评分标准

序号	评分项目	得 分 条 件	评分标准	配分	扣分
1	安全/5S/态度	□1. 能做好工作场地内的所有物品整理分类 □2. 能将工作场所的物品定置定位摆放 □3. 能将工作场所打扫干净 □4. 能经常性地进行工作整理、整顿、清扫工作 □5. 能消除隐患、排除险情，预防安全事故，保障人身安全	未完成1项扣3分，扣分不得超15分	15	
2	专业技能能力	□1. 能按照预约流程熟练、规范地完成保修索赔接待 □2. 能熟练规范地接待保修客户 □3. 能熟练地对保修资格进行预判 □4. 能熟练地和索赔员说明情况，交接工作 □5. 能熟练与客户沟通索赔事宜，解释旧件处理	未完成1项扣10分，扣分不得超70分	70	

学习笔记

续表

序号	评分项目	得分条件	评分标准	配分	扣分
2	专业技能能力	□ 6. 能熟练规范填写索赔单据 □ 7. 能熟记并熟练运用汽车三包法	未完成1项扣10分，扣分不得超70分	70	
3	表单填写与报告的撰写能力	□ 1. 字迹清晰 □ 2. 语句通顺 □ 3. 无错别字 □ 4. 无涂改 □ 5. 无抄袭	未完成1项扣1分，扣分不得超5分	5	
4	与客户沟通交流的能力	□ 1. 使用文明用语 □ 2. 掌握投诉处理沟通语言技巧 □ 3. 掌握返修接待基本沟通语言	未完成1项扣5分，扣分不得超10分	10	
合计				100	

四、考评报告

说明：考评分为理论考评和实操考评，理论考评根据项目要求以及考评模板格式制定项目实施方案，方案经老师审核合格后，方可进行实操考评。考评报告模板详见附录A。

学习笔记

拓展阅读

5S 之清扫

定义：将整理、整顿、清扫实施的做法制度化、规范化，维持其成果。

目的：通过对整理、整顿、清扫活动的坚持与深入，从而消除发生安全事故的根源。创造一个良好的工作环境，使职工能愉快地工作。

方法：① 工作环境随时保持整理、整顿、清扫的成果；② 不仅物品要清洁，而且工作人员本身也要做到清洁，如工作服要清洁，仪表要整洁，及时理发、刮须、修指甲、洗澡等；③ 工作人员不仅要做到形体上的清洁，而且要做到精神上的“清洁”，待人要讲礼貌、要尊重别人；④ 消除浑浊的空气、粉尘、噪声和污染源，消灭职业病。

方锐的 5S 之旅

当方锐同学理解了清洁的意义后，感觉到了压力，整理、整顿、清扫只是一个开端，清洁要求将整理、整顿、清扫的最好状态随时、永远保持下去，方锐看了看寝室自己的物品，发现只是在第一次行动的时候达到了最好状态，随后几天渐渐又恢复到了原来的散乱情况，方锐对自己的生活习惯第一次进行了审视和反思，暗暗下定决心必须改变！

思考：观察寝室中自己的物品，是处于最佳状态码？衣服、鞋子、学习用品、洗漱用品有意识整洁地摆放了吗？衣物及时清洗了吗？在教室、实训室随时保持所有物品处于最佳状态码？

汽车售后服务接待5S管理检查表

检查点	区域	要求	周一	周二	周三	周四	周五	周六	周日
			10:00	10:00	10:00	10:00	10:00	10:00	10:00
1	售后接待区	门口接待台定置摆放，干净							
2		门口预约板干净							
3		地面无纸屑，干净							
4		展架无尘土、宣传品定置摆放							
5		饮水机水桶更换、一次性纸杯充足							
6		桌面无灰尘，无杂物							
7		计算机/名片/人名牌定置摆放							
8		桌面无灰尘，无杂物							
9		计算机/名片/人名牌定置摆放							
10		饮水桶定制摆放，一次性纸杯充足							
11		文件柜内部资料分类，定置摆放							
12	休息区	休息区墙壁配电箱门关闭							
13		显示屏播放宣传××品牌或产品的广告片							
14		计算机开启，网络连接正常							
15		桌面上装了QQ、微信、炒股软件等客户常用软件							
16		鼠标、键盘清洁							
17		电视开启，遥控器客户可取							
18		儿童区地毯整洁、无破损							
19		儿童区玩具清洁							
20		茶水区茶具整洁、干净							
21		茶水区储物柜清洁、物品摆放整齐							
22		茶几桌面清洁，物品摆放整齐；烟灰缸内烟头不超过3根							
23		沙发套清洁无污物，且平整							
24		灭火器有效，定置摆放							
25		杂志摆放整齐，及时更新							

学习笔记

项目五　接待保险事故车客户

一、项目描述

完成保险事故车客户接待。

二、项目要求

依据保险事故车接待流程，完成保险事故车客户接待。

（1）接待事故车客户；

（2）维修与交车。

三、学习目标

（1）了解事故车保险索赔相关资料内容；

（2）了解保险协赔员定义以及岗位职责；

（3）能够掌握接待保险事故车客户流程；

（4）能够掌握接待保险事故车客户工作要点；

（5）能够依据保险事故车客户接待流程，规范、熟练地完成保险事故车客户的接待；

（6）能够养成良好的职业规范和认真、热情的工作态度；

（7）养成自我改进、自我激励的习惯。

四、学习载体

天气晴朗，服务顾问小铭在美美 4S 店上班，突然电话铃响，保险公司车险理赔员小王给他打来了电话，告知他一个小时后会有一名客户去 4S 店维修，让他到时候接待一下。

小铭正在接听小王的电话

学习笔记

学习笔记

任务一　接待客户

接待客户

步骤一：作业准备

1. 工作地点

选择汽车售后服务中心的售后接待前台、停车场。

2. 工作设施

办公电话、办公桌、座椅、计算机、打印机、对讲机。

3. 工具用品

写字板、笔、预约登记表、接车检查单、任务委托书、汽车防护用品 、名片。

步骤二：接到任务

1. 保险公司车险理赔员告知客户信息

保险公司车险理赔员小王："小铭，一个小时后会有一名客户去你们 4S 店维修，客户姓名是冯新，车型是奔驰 G63，车牌号是吉 AW××××。我把相关资料传给你。"

服务顾问小铭："好的，我知道了。我看一下。"

2. 整理索赔相关资料

小铭查看整理了理赔员小王传给他的相关资料。

（1）身份证（正反面）；

（2）保单 ；

（3）驾驶证（正、副页）；

（4）行驶证复印件（正、副页）；

（5）机动车辆保险索赔申请书 ；

（6）交通管理局事故调解书。

职业知识

保单式样

机动车辆保险单

（抄件）

保险单号：PDDB

鉴于投保人已向保险人提出投保申请，并同意按约定交付保险费，保险人依照承保险种及其对应条款和特别约定承担赔偿责任。

被保险人						
保险车辆信息	号牌号码			厂牌型号		
	发动机号			VIN码		
	车架号		车辆种类	摩托车	固定停放地点	
	初次登记日期		新车购置价	元	使用性质	
	核定载定　人		核定载质量　千克		车身颜色	

承保险种	保险金额/责任限额（元）	优惠保费（元）	保险费（元）

保险费合计（人民币大写）：壹佰贰拾元整						（¥：　　元）
保险期间自　年　月　日　时起至　年　月　日　时止					总优惠金额	
代收车船税	整备质量		纳税人识别号			
	当年应缴	¥　元	往年补缴	¥　元	滞纳金	¥　元
	合计（人民币大写）：		（¥　元）			
	完税凭证号（减免税证明号）：		开具税务机关			
双方约定	投保人投保时：约定了行驶区域为境内：					
特别约定	交通强制责任保险特别约定：1. 发生保险责任事故时被保险人须在第一现场拨打95590报案电话通知保险人，否则保险人有权要求复勘现场。					
保险合同争议解决方式						
重要提示	1. 本保险合同由保险条款、投保单、保险单、批单和特别约定组成。 2. 收到本保险单、承保险种对应的保险条款后，请立即核对，如有不符或疏漏，请在48小时内通知保险人并办理变更或补充手续，超过48小时未通知的，视为投保人无异议。 3. 请详细阅读承保险种对应的保险条款，特别是责任免除和投保人、被保险人义务、赔偿处理等重要事项。 4. 保险车辆转卖、转让、赠送他人或变更用途，应书面通知保险人并办理变更手续。					

约定驾驶员	主驾驶	姓名		性别	年龄	驾驶证号码	
	副驾驶	姓名		性别	年龄	驾驶证号码	
	副驾驶	姓名		性别	年龄	驾驶证号码	
保险人	公司名称： 广南营销服务部 邮政编码：			公司地址： 联系电话： 签单日期：　年　月　日　（保险人签章）			

核保人：　　制单人：　　经办人：

所谓进步就是改变自己

步骤三：接待客户

1. 迎接客户

服务顾问小铭带好索赔相关资料，拿着接车检查单、汽车防护用品、名片来到服务交车区对前来报修的冯先生主动迎接问候。

冯先生："你好，刚才小王应该已经联系过你了，我来修车。"

小铭："是的，冯先生。我是美美4S店的服务顾问小铭。本次服务由我来接待您。"

2. 环车预检

（1）提醒客户带好贵重物品；

（2）安装护具；

（3）车辆信息登记；

（4）检查车辆（见图5-1-1）。

图5-1-1 小铭在查看事故车损伤情况

①检查车辆内部，车内各种设备设施状况是否良好。

②检查车辆外观损伤情况。

小铭当着冯先生的面指认车辆的损伤位置、说明车辆损伤情况，和客户确认汽车损伤位置以及损伤情况。

机动车辆保险索赔申请书式样

机动车辆保险索赔申请书

报案号码：

被保险人/索赔权益人			
牌照号码		车辆厂牌型	
交强险保单号码		商业险保单号码	
出险时间	年 月 日 时 分	出险地点	____省____
出险原因		出险驾驶员	

出险经过及损失情况：

兹声明本索赔申请书是本被保险人/索赔权益人就本次事故向贵司提出索赔的正式书面凭证，所填写的内容以及提供的索赔资料均真实有效，没有任何虚假和隐瞒，否则，承担由此产生的一切法律责任。

本被保险人/索赔权益人确认：保险人受理报案，现场查勘、定损、参与诉讼、进行抗辩、向被保险人提供专业建议等行为均不构成保险人对本次事故承担赔偿责任的承诺。

本次事故如属保险赔偿责任范围，请将相应赔款划入以下被保险人/索赔权益人的银行账户中。对本被保险人/索赔权益人不具有受领权而获得的保险赔款及相关款项，中国太平洋财产保险股份有限公司有权向本被保险人/索赔权益人追索，在任何情况下，若因中国太平洋财产保险股份有限公司支付的赔款金额或赔付对象有误，本被保险人/索赔权益人均同意无条件将相关款项全额返还予中国太平洋财产保险股份有限公司。

账户户名____________ 账户所属省份______ 账户所属城市______

开户银行____________ 银行账号____________

被保险人电话： 手机□□□□□□□□□□□□ 其他□□□□—□□□□□□□□□

索赔权益人电话： 手机□□□□□□□□□□□□ 其他□□□□—□□□□□□□□□

被保险人证件类型及号码：____________

索赔权益人证件类型及号码：____________

被保险人地址及邮编：____________

索赔权益人地址及邮编：____________

送交单证人姓名______ 证件类型及号码____________

送交单证人电话： 手机□□□□□□□□□□□□ 其他□□□□—□□□□□□□□□

被保险人/索赔权益人签单：

学习笔记

3. 拍照定损

小铭和冯先生一同完成环车预检，填好接车检查单之后，对于损坏部位当着冯先生的面进行拍照（见图 5-1-2）。

图 5-1-2　小铭对车辆损伤部位进行拍照

4. 确认维修项目

小铭与冯先生进行定损协商，确认维修项目。

步骤四：制定维修任务委托书

（1）根据材料费、工时费等进行估价。

（2）制作维修任务委托书，并打印出来。

（3）与客户再次确认修理项目，并在维修任务委托书上签字。

小铭再次和冯先生确认了维修项目，并请冯先生在维修任务委托书上签字确认。

步骤五：送别客户

小铭将维修任务委托书客户联交给冯先生，作为取车凭证。告知了冯先生会再和他联系，到时会通知他交车时间。

小铭："冯先生，等保险公司打款过来，我们就开始维修。到时我会给您打电话，跟您协商交车时间的。"

之后，小铭便目送冯先生离开 4S 店。

事故车概念

经过严重撞击、泡水、火烧等，即使修复但仍存在安全隐患的车辆总称。本书中，为区分售后业务范围，将汽车发生碰撞后发生了事故的车辆均归在"事故车"的范畴内

保险索赔定义

被保险人在保单许可的范围内，要求保险人赔偿保险事故造成的损失和给付赔偿金的过程。保险索赔主要从车主角度来考虑保险赔付操作方法与流程

保险协赔员定义

事故车辆的维修工作较为复杂，索赔过程中时常伴随着顾客与保险公司的纠纷，因此对事故车辆接待人员的素质要求较高。为方便事故车辆的理赔工作，许多品牌售后服务部都设立事故车维修接待处。同时，聘请熟悉事故车的接待、理赔等各项流程，对事故车的定损、理赔等经验丰富，熟悉代理上牌、续保业务流程，有较强事故车定损业务拓展能力及客源关系较好的服务顾问担任事故车辆的接待及索赔工作，称为保险协赔员

保险协赔员岗位职责

- 负责为客户出险车辆提供定损及理赔服务，直接与保险公司展开相关核赔工作。
- 保险理赔车辆的相关保险索赔资料的审核、记录和提交，整理统计各类保险单据。
- 与保险公司保持良好的业务合作关系，办理与保险公司的结算手续，保证保险款的及时回笼。
- 熟悉新车、事故车辆的保险索赔及定损流程

学习笔记

任务测评

一、知识测评

确定本任务关键词，按重要程度进行关键词排序并举例解读。

根据自己对重要信息捕捉、排序、表达、创新和划分权重能力进行自评，满分 100 分，如表 5-1-1 所示。

表 5-1-1　事故车客户接待知识测评表

序号	关　键　词	举 例 解 读	评分自定
1			
2			
3			
4			
5			
总分			

二、能力测评

对表 5-1-2 所列作业内容，操作规范即得分，操作错误或未操作得零分。

表 5-1-2　事故车客户接待能力测评表

序号	能　力　点	配分	得分
1	整理索赔客户资料	25	
2	迎接客户	25	
3	环检定损	25	
4	填单制单	25	
总分		100	

三、素养测评

对表 5-1-3 所列素养点，做到即得分，未做到得零分。

表 5-1-3　事故车客户接待素养测评表

序号	素　养　点	配分	得分
1	规范服务，增强客户信任	20	
2	良好礼仪，提升客户好感度	20	
3	清晰表达，与客户良好沟通	20	
4	场地“5S”，创造良好接待环境	20	
5	真诚接待，提供细致贴心的服务	20	
总分		100	

四、拓展训练

（1）王先生在一个下雨天，由于天气原因以及没有注意观察，导致倒车时剐蹭到了一棵大树，车尾出现刮痕。王先生联系保险理赔员后，理赔员让王先生将车开到 4S 店进行进一步的检查维修，作为 4S 店的保险协赔员，你要如何接待王先生呢（满分 25 分）？

（2）作为保险协赔员，要如何规范地拍照定损呢（满分 25 分）？

（3）请按照图 5-1-3 所示思维导图格式，对接待事故车客户的学习收获进行总结，评定你现在的能力，思考你现在最想提升自己什么能力。将你最想提升自己的能力填写到思维导图的方格中。（满分 50 分）

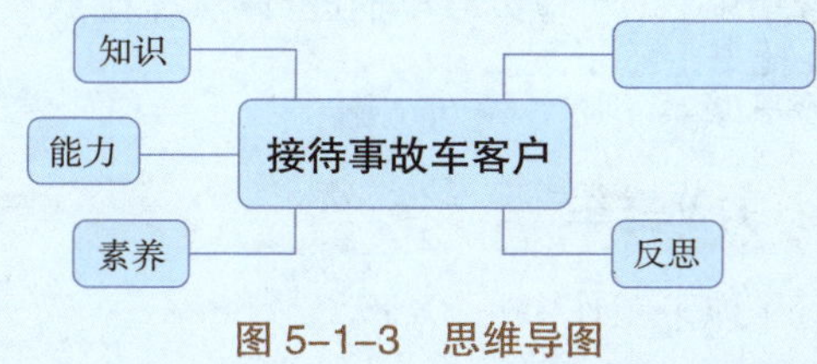

图 5-1-3　思维导图

任务二　维修与交车

维修与交车

步骤一：作业准备

1. 工作地点

选择汽车售后服务中心的售后接待前台、停车场、维修车间。

2. 工作设施

办公电话、办公桌、座椅、计算机、打印机、对讲机、维修进度看板。

3. 工具用品

写字板、笔、接车检查单、维修任务委托书、汽车防护用品。

步骤二：与保险公司对接

（1）与保险公司核实受损范围。
（2）与保险公司沟通维修内容。
（3）协商一致后，确认维修项目及费用。

步骤三：维修检验

（1）等待保险公司打款。
（2）保险公司打款后，服务顾问小铭通知车间主管可以派工。
（3）服务顾问小铭将维修任务委托书交给车间主管，主动说明维修项目。
（4）维修技师根据维修任务委托书进行领料和维修。
（5）根据车间维修进度，小铭与冯先生协商了交车时间。
（6）维修结束后，质检员对车辆进行检验，确认没有问题后，在维修任务委托书上签了字。
（7）质检员联系了服务顾问小铭。

步骤四：内部交车

小铭进行了以下工作：

相关知识

保险事故车客户接待工作要点

工作要点	说　明
确认险种	了解保险车辆有无购买车损险及不计免赔险
是否报案	了解是否已报保险公司现场查勘或直接到维修企业（4S店）再报案
参与定损	与保险公司查勘定损员一同确定事故车损失、维修项目、具体金额，必须协商一致
单证齐全	收集客户证件资料（驾驶证、行驶证、身份证、保单复印件），作为协赔的单据
维修结账	维修结账方式有两种：一种是保险公司打款后再进行维修；另一种是维修企业（4S店）先维修，交车时由客户垫付。目前维修金额都不能由维修企业（4S店）代赔
理赔档案	整理理赔档案，维修企业（4S店）保险协赔员将驾驶证、行驶证、被保险人身份证、保单复印件、发票原件、事故证明、报案表、赔款单等进行整理
残值处理	保险标的在发生保险事故后可回收利用的价值称为残值，通常是指发生保险事故之后，被保险的财产剩下的部分价值，由保险人和被保险人双方协商处理。 如归被保险人，保险公司在核定赔款时将残值扣减。 如归保险人，则保险公司对被保险人核定赔款后，会委托第三方机构对剩余货物进行处理

（1）在维修任务委托书上确认所有项目已完成，质检员已签字。
（2）实车检查所有维修项目已完成。
（3）确认车上电子设施已归位。
（4）确认更换下来的旧件已经摆放在展示台上。
（5）确认车辆已经清洗干净。

步骤五：交车

1. 联系客户

服务顾问小铭联系冯先生，通知他可以到店提车了（见图 5-2-1）。

图 5-2-1　小铭在给冯先生打电话

2. 与客户验车

冯先生到店后，小铭和冯先生一起验车，并详细说明了维修情况，确认冯先生满意本次的维修结果。

3. 交车

小铭当着冯先生的面取下汽车防护用具，并将行驶证和车钥匙归还给冯先生。

4. 送别

小铭在提醒冯先生车辆使用注意事项后，目送冯先生离开。

步骤六：收尾工作

填写保险事故车接待记录表，并整理理赔档案。

财务结算

如果维修费用是由客户垫付支付的，在客户提车时，要把以下资料交给客户，作为客户交于保险公司办理索赔手续的单证。

- 维修发票
- 维修任务委托书
- 材料单

保险事故车接待记录表式样

保险事故车接待记录表

客户编号	进厂时间	车牌号	姓名	车型	维修项目	定损金额	定损员	事故类型	出厂时间

学习笔记

任务测评

一、知识测评

确定本任务关键词，按重要程度进行关键词排序并举例解读。

根据自己对重要信息捕捉、排序、表达、创新和划分权重能力进行自评，满分 100 分，如表 5-2-1 所示。

表 5-2-1　维修与交车知识测评表

序号	关 键 词	举 例 解 读	评分自定
1			
2			
3			
4			
5			
总分			

二、能力测评

对表 5-2-2 所列作业内容，操作规范即得分，操作错误或未操作得零分。

表 5-2-2　维修与交车能力测评表

序号	能　力　点	配分	得分
1	与保险公司对接	25	
2	维修检验	25	
3	交车	25	
4	工作收尾	25	
总分		100	

三、素养测评

对表 5-2-3 所列素养点，做到即得分，未做到得零分。

表 5-2-3　维修与交车素养测评表

序号	素　养　点	配分	得分
1	规范服务，增强客户信任	20	
2	良好礼仪，提升客户好感度	20	
3	清晰表达，与客户良好沟通	20	
4	场地“5S”，创造良好接待环境	20	
5	真诚接待，提供细致贴心的服务	20	
总分		100	

四、拓展训练

（1）作为 4S 店的保险协赔员，要如何和保险公司进行对接（满分 25 分）。

（2）请填写好保险事故车接待记录表（满分 25 分）。

（3）请按照图 5-2-2 所示思维导图格式，对维修与交车的学习收获进行总结，生活工作中随时都面临着新的挑战，列举出你遇到的 3 个困难，说一说你是如何战胜困难的（满分 50 分）？

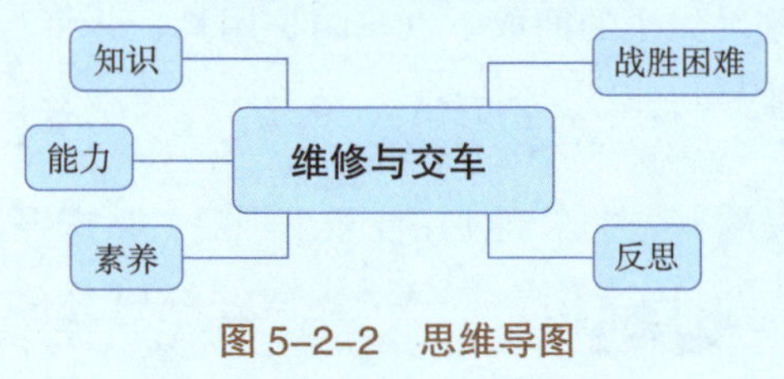

图 5-2-2　思维导图

学习笔记

学习考评

一、考评项目

根据所学，请完成对王先生保险事故车的接待，并完成考评报告。

二、实施准备

1. 学生准备

学生在按照教学进度计划，已经完成了以下学习任务并达到75分以上，可进行该学习成果的实施。

（1）理解并完成学习成果需要的相关知识和方法的学习，得分大于75分。

（2）运用学习成果需要的相关知识和方法进行作业，得分大于75分。

（3）按时、按质、按量完成相应作业，得分大于80分。

（4）具有自觉遵守技术标准和要求规定、规范操作、安全、环保、“7S”作业、团结协作的好习惯，得分大于80分。

（5）能制定保险事故车客户接待的方案。

2. 教师准备

（1）在安排学生实施学习成果前，通过课堂问题研讨、作业、实训和考核及其他方式，确认学生已经具备了实施学习成果所需的知识、技能和素养，并确保学生在安全状态下独立进行。

（2）对协助教师进行测评的学生进行测评和监督方法的培训，确保测评结果的准确性和公平性。

（3）准备好测评记录。

三、验证方法与标准

（1）每位测评人员负责对2名学生进行定点、全过程的监控和测评。

（2）详细记录学生在实施学习成果过程中的相关信息、数据、结果、操作方法、完成时间，以及出现错误、事故等情况。

（3）学习成果的作业过程和数据记录等，要求在90分钟内完成，时间不足，可在即将结束时，口述剩余部分的作业方法。

（4）考核内容及评分标准见下表。

考核内容及评分标准

序号	评分项目	得分条件	评分标准	配分	扣分
1	安全/5S/态度	□1. 能做好工作场地内的所有物品整理分类 □2. 能将工作场所的物品定置定位摆放 □3. 能将工作场所打扫干净 □4. 能经常进行工作整理、整顿、清扫工作 □5. 能消除隐患、排除险情，预防安全事故，保障人身安全	未完成1项扣3分，扣分不得超15分	15	
2	专业技能能力	□1. 能整理好索赔相关资料 □2. 能规范礼貌地接待客户 □3. 能够了解客户车辆事故状况，照相、定损、核实理赔零件并估价	未完成1项扣15分，扣分不得超75分	70	

学习笔记

续表

序号	评分项目	得分条件	评分标准	配分	扣分
2	专业技能能力	□4. 能熟练制定维修任务委托书 □5. 能够与保险公司熟练完成对接 □6. 能熟练派工维修检验 □7. 能熟练陪同客户验车、取车 □8. 能熟练填写保险事故车接待记录表	未完成1项扣15分，扣分不得超75分	70	
3	表单填写与报告的撰写能力	□1. 字迹清晰 □2. 语句通顺 □3. 无错别字 □4. 无涂改 □5. 无抄袭	未完成1项扣1分，扣分不得超5分	5	
4	与客户沟通交流的能力	□1. 使用文明用语 □2. 掌握保险协赔接待的基本沟通语言	未完成1项扣5分，扣分不得超10分	10	
合计				100	

四、考评报告

说明：考评分为理论考评和实操考评，理论考评根据项目要求以及考评模板格式制定项目实施方案，方案经老师审核合格后，方可进行实操考评。考评报告模板详见附录A。

拓展阅读

5S 之素养

定义：人人按章操作、依规行事，养成良好的习惯，使每个人都成为有教养的人。

目的：达成物与物之间和谐、人与物之间和谐、人与人之间和谐，提升“人的品质”，培养对任何工作都讲究、认真的人。

方法：努力提高员工的自身修养，使员工养成良好的工作、生活习惯和作风，让员工能通过实践 5S 获得人生境界的提升，与企业共同进步。

方锐的 5S 之旅

学习 5S 之后，方锐同学觉得自己思想变化很大，特别是通过 5S 达成“物与物之间和谐、人与物之间和谐、人与人之间和谐”这句话，对方锐同学产生了醍醐灌顶般的启发，深刻体悟到，无论是学习、生活还是未来的工作，都需要创造和谐的环境才能事半功倍，方锐暗下决心，从此时此刻开始行动，从寝室、从自己的鞋子、袜子、洗漱牙具开始 5S。

从最小事开始，积极主动观察寝室、教室、实训室的一点一滴，有意识锻炼自己的主动性以及察知问题的能力，做最好的自己，做与同学、老师以及环境最和谐的自己。

思考：学习了 5S，你有什么感受？开始行动了吗？

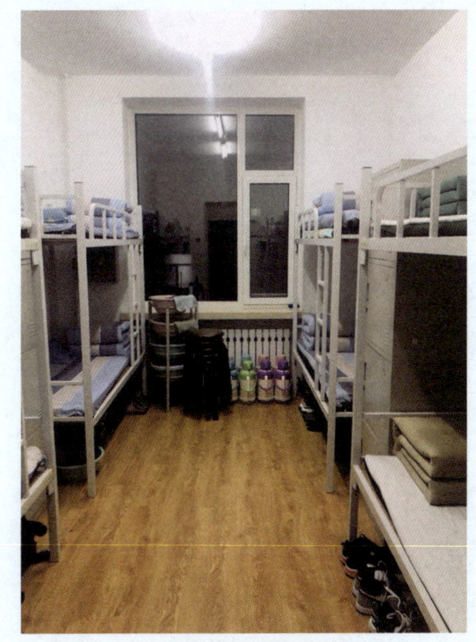

寝室 5S 管理

学习笔记

附录A　学习成果考评报告模板

考评报告模板

项目名称：接待常规维护保养业务		考核时间：90分钟（理论）+90分钟（实操）	
姓名：	班级：	学号：	教师签字：
自评：□合格 □不合格	互评：□合格 □不合格	师评：□合格 □不合格	
日期：	日期：	日期：	
情景设定			
经销商：一汽大众品牌专营店　服务热线电话：******** 客户：王先生　联系方式:12412345678 作业项目：50 000 km维护 预约进店时间：2021年9月18日（周五）13:00 工时费：380元；预约工时费可享8折优惠，配件9折优惠。 材料费：机滤26元；高端润滑油292元；空滤64元。 车型：迈腾；车牌号码：吉AW5119；行驶里程：52 500 km；油表存量：1/2。 请为王先生提供这次的常规维护保养业务。			
制定保养预约计划			
第一部分　电话预约			
步骤1			
步骤2			
步骤3			
第二部分　到店接待			
步骤1			
步骤2			
步骤3			

制定保养接待计划	
第三部分　完成制单	
步骤1	
步骤2	
步骤3	
第四部分　进行保养	
步骤1	
步骤2	
步骤3	
第五部分　完成交车	
步骤1	
步骤2	
步骤3	
第六部分　电话回访	
步骤1	
步骤2	
步骤3	
项目总结	

注：表格不足可加行。

学习笔记

学习笔记

附录 B　知识拓展

知识拓展一　相关单据补充

1. 常规保养单示例

用户姓名	牌照号	底盘号	购车日期	行驶里程(km)	保养日期

5 000	10 000	20 000	30 000	40 000	50 000	60 000	70 000	80 000	90 000	100 000	110 000	120 000	130 000	140 000	150 000	160 000	170 000	180 000	190 000	200 000	210 000	220 000

保养间隔			××轿车常规保养项目单	合格	不合格	消除
10 000公里或1年之后每10 000公里或每1年定期保养	10 000公里或1年定期保养	5 000公里首次保养	1. 查询自诊断系统故障存储器			
			2. 目测检查发动机及机舱内的其他部件是否有泄漏或损坏（从上面）			
			3. 检查蓄电池固定情况，电眼颜色（免维护蓄电池无电眼的检查电瓶电压）			
			4. 检查制动液液位，必要时添加			
			5. 检查风窗清洗液液面高度，必要时添加清洗液			
			6. 检查冷却液液面高度及浓度（防冻能力），如必要，添加冷却液或调整浓度			
			7. 更换发动机机油及机油滤清器			
			8. 检查前、后制动摩擦衬块厚度			
			9. 检查所有轮胎（包括备胎）的花纹深度、磨损形态，清除轮胎上的异物			
			10. 目测检查车身底部防护层和底饰板是否破损			
			11. 目测检查制动系统是否有泄漏和损坏			
			12. 目测检查变速箱，主减速器及等速方向节防护套有无泄漏或损坏（从下面）			
			13. 检查转向横拉杆球头的间隙，紧固程度及防尘套状况			
			14. 进行轮胎换位，按要求检查轮胎气压，必要时校正，检查车辆螺栓打紧力矩			
			15. 润滑车门止动器			
			16. 加注燃油添加剂G17			
			17. 保养周期指示器复位			
			18. 试车：检查脚、手制动器，变速箱，离合器，转向及空调等功能，查询故障存储器，终检			
			19. 检查安全气囊和安全带状态及安全气囊罩壳是否损坏			
			20. 检查车内所有开关、车内照明、用电器、显示器和仪表各警报指示灯的功能			
			21. 检查滑动天窗功能、清洗导轨并用专用润滑脂润滑			
			22. 检查车外前部、后部、行李箱照明灯等所有灯光状态和闪烁报警装置功能、静态弯道行车灯、自动行车灯控制功能			
			23. 检查风窗刮水器、清洗器及大灯清洗装置功能，如必要，调整喷嘴			
			24. 检查火花塞状态，必要时采取相应维修保养措施			
			25. 清洗空气滤清器壳体，检查滤芯状态，必要时采取相应维修保养措施			
			26. 粉尘及花粉过滤器：清洗外壳，检查滤芯状态，必要时采取相应维修保养措施			
			27.检查BSG–6挡直接换挡变速箱齿轮油位，如必要，添加DSG变速箱齿轮油			
			28. 检查排气系统是否有泄漏或损坏及紧固程度			
			29. 检查大灯光束，如有必要，调整大灯光束			

其他保养项目	30. 更换火花塞（首次20 000公里，之后每20 000公里）	
	31. 更换空气滤清器滤芯，清洗壳体（首次20 000公里或2年，之后每20 000公里或每2年）	
	32. 粉尘及花粉过滤器：清洗外壳，更换滤芯（首次20 000公里，之后每20 000公里，行驶里程较少的车辆每1年更换）	
	33. 检查多楔皮带的状态（首次30 000公里或2年，之后每30 000公里或每2年），必要时更换	
	34. 更换燃油滤清器（首次60 000公里或4年，之后每60 000公里或每4年）	
	35. 更换DSG–6挡直接换挡变速箱齿轮油和滤清器（首次60 000公里或4年，之后每60 000公里或4年）	
	36. 对带气体放电灯泡的大灯（氙灯）进行基本设置（首次60 000公里或4年，之后每60 000公里或每4年）	
	37. 更换制动液（每24个月）	
注意：	◆ 所有保养项目，请检修工根据车辆行驶里程/时间进行选择（以先达到者为准）	
	◆ 加注机油时应小心防止机油溅出：机油加注完毕后务必拧紧机油加注口盖，并清洁机油加注口及气缸盖罩周围的油喷，保证其清洁无油渍	
	◆ 本项目单的保养内容是根据汽车正常行驶情况下制定的，对于经常在恶劣条件下使用的车辆，某些保养内容需在两次保养间隔之间提前进行。特别是经常停车/起动及经常在低温条件下使用的车辆，应经常检查机油油位，并定期更换机油。经常在高尘环境或地区使用的车辆应增加清洗壳体及更换空气滤清器滤芯的频次	
	◆ 每次保养时请在表格上方的行驶里程表上打勾	
	◆ 每次定期保养（包括5000公里首次保养）的燃油添加剂G17均由用户购买	
	◆ 检查是否加装或改装其他电气设备或机械附件，并在本次保养单备注中注明“有”或“无”，若“有”，请详细注明	
维修技师签名：	质量检查员签名：	用户签名：
合格—已检查未发现缺陷；不合格—检查中发现缺陷；消除—按维修信息消除缺陷		
备注	◆ 加装或改装其他电气设备（　），如果有，请列出：	
	◆ 加装或改装机械附件（　），如果有，请列出：	
	◆ 建议下次保养：（　）公里　年　月	

轮胎及制动摩擦	轮胎气压(bar) 标准(半/满)	调整前	调整后	花纹深度 标准>1.6mm	制动摩擦片磨损极限 标准>2mm(不计背板)	灯光	良好	修复	发动机参数	数据	单位	故障码
						前照灯			怠速转速		r/min	发动机( )个消除
左前轮				□是　□否	□是　□否	驻车灯			水温		℃	变速器( )个消除
右前轮				□是　□否	□是　□否	前雾灯			喷油脉宽		ms	ABB( )个消除
左后轮				□是　□否	□是　□否	前转向灯			空气流量		g/s	空调( )个消除
右后轮				□是　□否	□是　□否	侧转向灯			进气压力		mbar	网关( )个消除
备胎				□是　□否	□是　□否	尾灯			节气门		%	气囊( )个消除
液面高度	不足	添加（L）	备注	传动带，不合格状态：裂纹、分层、齿带体断裂，必要时更换（ ）		后转向灯			总失火率		次	仪表( )个消除
冷却液			冰点( )℃			制动灯			前氧电压		V	防盗( )个消除
制动液				蓄电池，电眼( )色 空驶电压( )V 固定螺栓：紧固/松动/生锈—消除（ ） 必要时使用专用食品检测		倒车灯			后氧电压		V	舒适系统( )个消除
风窗清洗液						后雾灯						( )个消除
						牌照灯						( )个消除

学习笔记

2. 维修项目变更申请表示例

维修项目变更申请表

<table>
<tr><td colspan="4">车牌号：　　客户姓名：</td><td colspan="3">委托书号：　　时间：</td></tr>
<tr><td>序号</td><td>项目名称</td><td>预计工时费用</td><td>预计备件费用</td><td>有无备件</td><td>如无备伯，请填写备件预计到货</td><td>客户选择</td></tr>
<tr><td>1</td><td></td><td></td><td></td><td>有□　无□</td><td></td><td>维修□　不维修□</td></tr>
<tr><td>2</td><td></td><td></td><td></td><td>有□　无□</td><td></td><td>维修□　不维修□</td></tr>
<tr><td>3</td><td></td><td></td><td></td><td>有□　无□</td><td></td><td>维修□　不维修□</td></tr>
<tr><td>4</td><td></td><td></td><td></td><td>有□　无□</td><td></td><td>维修□　不维修□</td></tr>
<tr><td>5</td><td></td><td></td><td></td><td>有□　无□</td><td></td><td>维修□　不维修□</td></tr>
<tr><td>6</td><td></td><td></td><td></td><td>有□　无□</td><td></td><td>维修□　不维修□</td></tr>
<tr><td>7</td><td></td><td></td><td></td><td>有□　无□</td><td></td><td>维修□　不维修□</td></tr>
<tr><td>8</td><td></td><td></td><td></td><td>有□　无□</td><td></td><td>维修□　不维修□</td></tr>
<tr><td>9</td><td></td><td></td><td></td><td>有□　无□</td><td></td><td>维修□　不维修□</td></tr>
<tr><td>10</td><td></td><td></td><td></td><td>有□　无□</td><td></td><td>维修□　不维修□</td></tr>
<tr><td>11</td><td></td><td></td><td></td><td>有□　无□</td><td></td><td>维修□　不维修□</td></tr>
<tr><td>12</td><td></td><td></td><td></td><td>有□　无□</td><td></td><td>维修□　不维修□</td></tr>
<tr><td>13</td><td></td><td></td><td></td><td>有□　无□</td><td></td><td>维修□　不维修□</td></tr>
<tr><td>14</td><td></td><td></td><td></td><td>有□　无□</td><td></td><td>维修□　不维修□</td></tr>
<tr><td>15</td><td></td><td></td><td></td><td>有□　无□</td><td></td><td>维修□　不维修□</td></tr>
<tr><td>16</td><td></td><td></td><td></td><td>有□　无□</td><td></td><td>维修□　不维修□</td></tr>
<tr><td>17</td><td></td><td></td><td></td><td>有□　无□</td><td></td><td>维修□　不维修□</td></tr>
<tr><td>18</td><td></td><td></td><td></td><td>有□　无□</td><td></td><td>维修□　不维修□</td></tr>
<tr><td>19</td><td></td><td></td><td></td><td>有□　无□</td><td></td><td>维修□　不维修□</td></tr>
<tr><td>20</td><td></td><td></td><td></td><td>有□　无□</td><td></td><td>维修□　不维修□</td></tr>
<tr><td colspan="7">根据客户维修要求，维修费用和时间将相应增加，具体如下：</td></tr>
<tr><td colspan="4">预估增加工时费用：
预估增加总费用：</td><td colspan="3">预估增加备件费用：
预估增加时间：</td></tr>
<tr><td colspan="4">客户确认签名：</td><td colspan="3">服务顾问签名：</td></tr>
<tr><td colspan="4">维修技师签名：</td><td colspan="3">质量检查员签名：</td></tr>
<tr><td colspan="7">备注：以上为我站检查发现的维修项目，凡是与车辆安全有关的问题，客户如不同意进行维修，引发的责任由客户自负。</td></tr>
</table>

3. 保险事故车辆材料及修理项目明细表示例

保险事故车辆材料及修理项目明细表

<table>
<tr><td colspan="2">被保险人</td><td colspan="2"></td><td>出险时间</td><td colspan="2"></td></tr>
<tr><td colspan="2">车牌号码</td><td colspan="2"></td><td>查勘人员</td><td colspan="2"></td></tr>
<tr><td colspan="2">厂牌型号</td><td colspan="2"></td><td>入厂时间</td><td colspan="2"></td></tr>
<tr><td colspan="2">17 位编号</td><td colspan="2"></td><td>出厂时间</td><td colspan="2"></td></tr>
<tr><td colspan="2">拆解或修理</td><td colspan="2">拆解（　）修理（　）</td><td>车辆类别</td><td colspan="2">保险车辆（　）三者车辆（　）</td></tr>
<tr><td colspan="2">被保险人联系电话</td><td colspan="5"></td></tr>
<tr><td>序号</td><td>配件名称</td><td>数量</td><td>本地价格</td><td>核定价格</td><td>修理项目</td><td>备注</td></tr>
<tr><td>1</td><td></td><td></td><td></td><td></td><td></td><td></td></tr>
<tr><td>2</td><td></td><td></td><td></td><td></td><td></td><td></td></tr>
<tr><td>3</td><td></td><td></td><td></td><td></td><td></td><td></td></tr>
<tr><td>4</td><td></td><td></td><td></td><td></td><td></td><td></td></tr>
<tr><td>5</td><td></td><td></td><td></td><td></td><td></td><td></td></tr>
<tr><td>6</td><td></td><td></td><td></td><td></td><td></td><td></td></tr>
<tr><td>7</td><td></td><td></td><td></td><td></td><td></td><td></td></tr>
<tr><td>8</td><td></td><td></td><td></td><td></td><td></td><td></td></tr>
<tr><td>9</td><td></td><td></td><td></td><td></td><td></td><td></td></tr>
<tr><td>10</td><td></td><td></td><td></td><td></td><td></td><td></td></tr>
<tr><td>11</td><td></td><td></td><td></td><td></td><td></td><td></td></tr>
<tr><td>12</td><td></td><td></td><td></td><td></td><td></td><td></td></tr>
<tr><td>13</td><td></td><td></td><td></td><td></td><td></td><td></td></tr>
<tr><td>14</td><td></td><td></td><td></td><td></td><td></td><td></td></tr>
<tr><td>15</td><td></td><td></td><td></td><td></td><td></td><td></td></tr>
<tr><td>16</td><td></td><td></td><td></td><td></td><td></td><td></td></tr>
<tr><td>17</td><td></td><td></td><td></td><td></td><td></td><td></td></tr>
<tr><td>18</td><td></td><td></td><td></td><td></td><td></td><td></td></tr>
<tr><td>19</td><td></td><td></td><td></td><td></td><td></td><td></td></tr>
<tr><td>20</td><td></td><td></td><td></td><td></td><td></td><td></td></tr>
<tr><td>定损员
确认签字</td><td></td><td>车主
确认签字</td><td colspan="2"></td><td>拆解
厂签字</td><td></td></tr>
</table>

备注：只定损不在 4S 店维修车辆，本服务站将按照定损金额的 20% 收取拆解定损费。（注：最低费用单车 200 元，最高 5 000 元）

知识拓展二　客户投诉案例分析

客户投诉处理案例示例（一）

情景回放：

某客户接到维修站短信通知，上汽大众开展车辆检测服务活动，于是致电咨询是否还有手电筒礼品赠送，得到维修站肯定答复后即驾车前往。在车辆检测保养结束后，客户询问礼品事宜，维修站告知上汽大众提供的礼品已赠完，只能提供维修站自行准备的礼品。但客户坚持要求赠其手电筒礼品，并在和业务接待人员交涉过程中产生不满，遂向客户服务中心投诉业务接待人员服务态度有问题。

案例分析：

从本案中客户抱怨的实质看，引发客户投诉的主要原因并不是没有拿到礼品，而在于：

①预约管理问题：客户提前致电询问已明确礼品需求，但维修站没有充分做好信息登记及内部沟通和协调，导致礼品发放部门未做准备以致无法提供用户所需礼品。

②服务态度问题：由于业务接待人员在与客户的沟通态度和方式上没有采取积极弥补过失的处理方式，加剧了客户的抱怨。

正确做法：

①做好预约客户车辆信息登记管理，保留礼品。

②做好礼品发放数量信息明示。

③做好沟通解释与补救工作。

解决方案和建议：

（1）关于客户投诉的处理。

本案例中，客户抱怨主要体现了潜在的心理尊重需求，因此，维修站应采取的处理方式和态度是：

①服务经理向客户电话（或上门）沟通致歉。

②当事人与客户沟通致歉。

③寻求补救解决措施。

④告知内部处理方式，向客户诚恳表达接受监督的意愿。

（2）内部改进措施。

针对此次投诉处理暴露出来的问题，维修站需要从以下几个方面进行改进和完善：

①加强相关员工服务意识、沟通技巧的培养与提升。

②完善预约登记管理流程，认真记录客户的需求与意见。

客户投诉处理案例示例（二）

情景回放：

某上汽大众客户车辆发生事故后，在维修站更换了主、副安全气囊。使用一段时间后发现安全气囊灯报警。维修站接客户电话反映后赶到当地，检测后发现是由于之前更换副气囊时，发生器连接线接线方式错误。维修站工作人员将副气囊连接线按正确方式连接后，安全气囊灯报警现象未再出现。工作人员要求客户支付抢修费用，但客户认为发生安全气囊灯报警与维修站没有为其正确连接线有关，因此拒绝支付抢修费用，并向上汽大众投诉。

案例分析：

造成本次客户投诉的主要原因：

①维修质量保证问题：由于维修站采取非规范的维修操作方式，造成车辆存在故障隐患，是客户对维修质量质疑抱怨的第一因素。

②客户反映车辆问题后，维修站没有首先核实自身问题而向客户收取费用，导致客户抱怨升级并引发投诉。

解决方案和建议：

（1）关于客户投诉的处理。

学习笔记

学习笔记

本案例中，客户投诉的主要心理需求是认为收费不合理，因此，维修站在调查情况、分析原因后，应采取的处理方式和态度是：

①就维修技术及质量问题与客户沟通、致歉。

②采取补救措施解决用户车辆故障问题（必要时可上门服务）。

③减免本次维修费用。

④对维修当事人内部教育处理。

（2）内部改进措施。

针对此次投诉所暴露出来的问题，需要改进和提高：

①加强当事人维修技能专业培训。

②加强员工维修、服务规范的培训。

客户投诉处理案例示例（三）

情景回放：

某客户来4S店做常规保养，在交车时客户发现左前门处有明显划伤，客户认为是4S店将其划伤的，要求免费处理。但4S店服务人员说是客户进店前就有的，伤痕是老的伤痕，客户可自费处理。客户十分不满认为是4S店不负责任，后投诉至厂家。

案例分析：

本案例中，客户在4S店保养后发现车身划伤，由于以下原因导致客户投诉：

①接待人员在接待时未和客户一起进行环车检查，并未和客户确认车身外观情况。

②维修车间对车子的外观检查不到位。

解决方案和建议：

（1）关于客户投诉的处理。

分析案例客户的投诉动机，其投诉表象是车身划痕，而隐含的则是对服务表示不满。因此，4S店应采取的处理方式和态度是：

①服务经理与客户沟通道歉。

②在维修收费上适当给予优惠。

③内部通告处理并教育员工，同时针对此投诉所反映的问题制定相应管理、服务等改进措施。

（2）内部改进措施。

①加强接待人员的业务能力的培训。

②加强维修工作质量的把关规范。

③对服务接待人员加强业务知识培训和服务责任心教育。

客户投诉处理案例示例（四）

情景回放：

某客户到维修站进行车辆保养，询问保养所需的大概时间，维修站告知约1小时，客户等待了2小时仍未被安排进行保养，遂向客户服务中心投诉要求尽快解决。

案例分析：

造成本次客户不满而投诉的主要原因是：

①结合服务核心流程，主要是维修站在服务准备工作过程中，由于安排不合理导致客户等待时间过长。

②没有兑现对客户的承诺，造成客户信任度降低。

正确做法：

①对于保养的客户，服务顾问应正确预估时间，并事先向客户解释说明。

②对于时间等待上有需求的客户，应合理安排，尽量缩短客户等待时间。

解决方案和建议：

（1）关于客户投诉的处理。

学习笔记

本案例中，客户投诉的主要心理需求是尽快进行车辆维修保养。因此，维修站应采取的处理方式和态度是：

①服务顾问主动与客户沟通致歉，就可能存在的维修车辆多或安排不合理向客户解释说明。

②适当减免保养工时费用安抚客户抱怨的情绪。

③告知客户立即安排技术优秀的维修技工为客户进行车辆保养。

④把该客户作为 VIP 客户，邀请其以后进行电话预约。

（2）内部改进措施。

针对此次投诉所暴露出来的问题，需要改进和提高：

①加强服务接待人员服务责任心教育和培训。

②改进服务接待与维修车间工作衔接上的规范，完善流程，加强前后台信息交流。

客户投诉处理案例示例（五）

情景回放：

2018 年 9 月 5 日，某客户到维修站进行车辆常规保养及空调异响检修，检修完后当晚发现空调仍有异响，于 7 日再次到维修站进行检查。维修站检查后告知鼓风机损坏，维修费用约 200 元，但在更换前发现服务顾问报错了零件，实际价格应是 1 000 多元。由于两者差额较大，致使客户产生抱怨，认为由于维修站第一次检修不彻底导致，应由维修站承担责任。

案例分析：

本案例中客户在维修站保养检修完成后认为仍有问题时，尚处于抱怨萌发期。而对应服务核心过程，由以下情况导致客户投诉：

①维修人员对报修项目检查分析判断不彻底，导致故障隐患没有排除。

②车辆交车前的质量检验工作不到位。

③报错零件价格导致报价反复，使客户抱怨升级并引发投诉。

解决方案和建议：

（1）关于客户投诉的处理

分析本案例客户投诉动机，其投诉表象是维修质量，而隐含需求则是对再次维修的价格表示不满。因此，维修站应采取的处理方式和态度是：

①服务顾问与客户沟通致歉。

②提供零件材料实际价格的收费标准。

③对鼓风机损坏与保养及检查是否存在必然联系作出合理的技术解释。

④在维修收费上适当给予优惠。

⑤内部通告处理方式，教育员工，同时针对此投诉所反映出的问题制定相应管理、服务等改进措施。

（2）内部改进措施

①加强维修技工业务能力的培训。

②加强维修工作质量的检验把关规范。

③对服务接待人员加强业务知识培训和服务责任心教育。

学习笔记

知识拓展三　质量担保政策

一、新车质量担保政策（以某品牌为例）

1. 质量担保期

（1）新车的质量担保期。

①用于出租、租赁等经营性类别的整车质量担保期为 1 年或行驶里程 10 万公里（以先达到者为限）。

②用于其他性质的车辆整车质量担保期为 3 年或行驶里程 10 万公里（以先达者为限）。

（2）质量担保期从用户购车开发票之日起计算。

（3）质量担保期间零件的更换或维修原则。质量担保期内质量担保更换的备件，其质量担保期属于整车新车质量担保期范围，随整车质量担保期的结束而结束。

2. 质量担保条件

（1）必须完成首次维护。

（2）必须按照维护要求进行定期维护。

（3）要保持损坏件的原始状况。

（4）质量担保维修由服务站进行并做记录。

3. 质量担保范围

（1）因产品的设计、制造、装配及原材料缺陷等因素引起的损坏。

（2）由质量担保件所引起的相关件的损坏，包括辅料损耗。

（3）质量担保费用包括备件费、维修工时费和厂商授权服务站的外出服务费。

4. 质量担保责任免除

不满足新车质量担保条件中的任何一条。

（1）车主未按维护手册的规定进行新车首次维护，或者没有按维护手册的规定进行以后的任何一次定期维护，或者无新车质量担保证明，都视车主自动放弃质量担保权。

（2）车主自行修理或到厂商授权服务站以外的厂家修理后，车辆所发生的相关质量问题造成的损坏。

（3）因车主使用不当或维护不当造成的损坏。

（4）进行了没有经过汽车厂商认可的任何汽车改装。

（5）由于外部原因造成汽车损伤，如细砾石的溅击或碰撞以及大气的化学气体或其他化学物品、鸟粪等的腐蚀所致的损坏。

（6）由于自然灾害、车祸、人为损坏或战争、暴乱所致的损坏等。

（7）质量担保范围中没有专门规定的费用，如车主因进行质量担保而发生的拖车费、停运费、停车费、路桥费、旅差费、食宿费、管理部门的惩罚款等。

二、备件质量担保政策（以某品牌为例）

1. 质量担保期

凡在服务站购买并由厂商提供的备件，其质量担保期为 12 个月或行驶里程为 5 000 千米（以先达到者为限）。备件质量担保起始日期从用户在服务站购买、安装并开具发票之日起计算。在该备件的质量担保期内，如需更换或维修该备件的，不能延长该备件质量担保期。

2. 质量担保条件

（1）质量担保备件必须在厂商指定的服务站购买，并由该服务站装车，质量担保时也必须在该服务站进行并出示相关凭证（购买发票或维修结算单、派工单、出库领料单等）。

（2）质量担保车辆必须按照维护手册和维修手册的要求在服务站进行定期检查维护。

（3）用户提出备件质量担保前，要保护好损坏件的原始状态。

（4）备件装车时应做上标记。

学习笔记

3. 质量担保范围

（1）符合备件质量担保条件，经服务站检查并确认需要修理或更换的故障件。

（2）因质量担保备件引起损坏的相关件，包括辅料。

（3）尚未构成正式销售，在装车试验、检验环节中发现的自身有缺陷的备件。

（4）备件质量担保费用包括备件费、维修工时费和厂商授权服务站的外出服务费。

4. 质量担保责任免除

不满足备件质量担保条件中任何一条。

（1）经厂商授权服务站检查并及时向车主提出，需装上的备件会受到其相关件影响而损坏，需更换其相关件，但车主不同意更换其相关件而装上的备件。

（2）因车主使用不当或维护不当造成的损坏。进行了没有经过厂商认可的任何汽车改装，且该改装会对质量担保备件造成影响。

（3）由于外部原因造成的备件损坏，如细砾石的溅击或者碰撞以及大气中的化学气体或其他化学物品、鸟粪等的腐蚀所致的损坏。

（4）备件质量担保中没有专门规定的费用，如车主因进行备件索赔而发生的停运费、停车费、路桥费、差旅费、食宿费、管理部门的惩罚款项等。

（5）车主自行修理或到汽车厂家授权服务站以外的厂家修理后，备件所发生的相关质量问题造成的损失。

5. 需事先申请的质量担保事项

（1）金额超过 4 000 元人民币的零件。

（2）易损件的维修。

（3）油漆维修工作。

（4）商品车质量担保。

（5）运输商责任的商品车维修。

（6）质量担保期外的技术支持。

（7）商务补偿。

（8）车身覆盖件和开启件的更换、钣金及油漆维修。

（9）旧件运费超过 3 000 元人民币。

（10）因缺国产备件需要更换进口件。

（11）敏感零件的更换。

重大质量问题，如火烧车、气囊未爆开等重大质量问题，或者涉及巨额财产损失或人员伤亡事件。

学习笔记

知识拓展四　汽车“三包”

一、汽车“三包”的定义

1. 包修

自购车之日起（以购车发票时间为准），在一定的质量保修期内，因质量问题引起的故障，采取以换件或修复的方式恢复车辆性能。

2. 包换

自购车之日起（以购车发票时间为准），在一定的质量保修期内，因严重的质量问题（如制动失效、转向失效、车体开裂、发动机抱死等），经修理仍达不到车辆主要技术性能指标的，用户可以换车。

3. 包退

自购车之日起（以购车发票时间为准），在一定的质量保修期内，因严重的质量问题（如制动失效、转向失效、车体开裂、发动机抱死等），消费者可以退车。

二、实行汽车“三包”的意义

一是促进经营者保证商品或者服务达到国家规定的质量要求；

二是有助于消费者的消费需求得到最大程度的实现，保障消费者的合法权益不受侵犯。

三、不属于“三包”的内容

（1）正常磨损，从动盘总成面片与铆钉磨成一平。压盘平面磨下 1 mm 左右，属离合器使用到限。

（2）未装车使用，外观无质量缺陷，存放地点不当锈蚀严重的。

（3）仿冒产品或有我公司标识的翻新件。

（4）产品经过焊接，修理、改动过的。

（5）盖总成的定位孔予以破坏，属安装错误。

（6）残缺不全的离合器损坏件。

（7）一轴过松、严重超载造成从动盘总成花键严重冲击的。

（8）从动盘总成由于严重超载，或操作不当而使摩擦片烧蚀的。

（9）因离合器沾上油污，分离轴承位置不对，接触面积不够、压紧力不够，严重超载引起的打滑、丢转。

（10）盖总成分离指端严重烧蚀，属安装、调整不当的。

（11）离合器掉进杂物，将离合器损坏的。

（12）盖总成的盖与膜片簧中间有杂物，使分离指抬不起来，或个别分离指抬不起来，属使用不当。

（13）由于其他相关性部件（例如，飞轮不平）影响离合器使用权性能的。

四、不在“三包”索赔范围的汽车周边产品

（1）易损件、保养用件、消耗品等。如灯泡、汽油格、机油格（机油滤清器）、小塑料卡子、卡扣、防冻液、机油等都是不保修的，但有些厂家也会有保修，这个一定要仔细看保修手册的规定(有的话也就是大概保修 6 个月或者 1 万千米内)。

（2）常用件。如升降器、开关、雨刮电机、CD 机、减振器等车辆维修经常用配件。

（3）以上举例均属于配件本身质量问题的情况，如人为因系造成的，均不能索赔。

五、车辆“三包”退换条件

1. 60 日或 3 000 千米

（1）退换车：车辆出现转向系统失效、制动系统失效、车身开裂或燃油泄漏，车主可以选择更换或退货，经销商应当负责免费更换或退货。

（2）更换总成：发动机、变速器的主要零件出现质量问题的，车主可以选择免费更换发动机、变速器总成。

2. 2 年或 50 000 千米

（1）退换车。

①因严重安全性能故障累计进行了 2 次修理，严重安全性能故障仍未排除或者又出现新的严重安全性能故障的。

②发动机、变速器累计更换 2 次总成后，或者发动机、变速器的同一主要零件因其质量问题，累计更换 2 次后，仍不能正常使用的，总成和主要零件更换次数不重复计算。

③转向系统、制动系统、悬架系统、前 / 后桥、车身的同一主要零件因其质量问题，累计更换 2 次后，仍不能正常使用的。

（2）换车条件：

①因产品质量问题修理时间累计超过 35 日的。

②因同一产品质量问题累计修理超过 5 次的。

六、车辆“三包”退换车的其他要求

（1）在“三包”有效期内，符合换车、退车条件的，车主需凭“三包”凭证、购车发票向车辆信息登记卡中登记的经销商提交书面换车、退车申请书，经销商在 10 个工作日内做出书面答复。

（2）用户丢失“三包”凭证的销售者、生产者应在接到用户申请后 10 个工作日之内给予补办。

（3）补办原则：用户向当地服务商申请，公司免费将“三包”凭证发到用户购车的销售商处，销售商盖章后交付用户。

（4）“三包”退换补偿费用 =[车价款（元）× 行驶里程（千米）/1 000] × n。

注：使用补偿系数 n 由生产者根据家用汽车产品使用时间、使用状况等因素在 0.5% ～ 0.8% 确定。

（5）车辆退车后汽车购置税和保险依据合同可退。

（6）消费者自行改装、调整、拆卸而造成损坏的，经营者可以不承担“三包”责任。

（7）家用汽车产品质量问题累计维修超过 5 次的，应当为客户提供备用车或合理的交通费用补偿。

（8）下列情况不属于享受“三包”政策（十不包）：

①因不可抗力造成损坏的。

②因交通事故造成损坏的。

③用于出租或者其他营运目的的。

④车主所购家用汽车产品已被书面告知存在瑕疵的。

⑤发生产品质量问题，用户自行处置不当而造成损坏的。

⑥未到“三包”手册中明示的服务商处维修保养车辆的。

⑦易损耗零部件超出其明示的质量保证期出现质量问题的。

⑧因用户使用不当或未按照使用说明书要求正确使用维护修理产品，而造成损坏的。

⑨使用说明书中明示不得改表、调能、拆卸，但用户自行改装，调格、拆卸而造成损坏的。

⑩在“三包”期和“三包”有效期内，无有效发票和“三包”凭证以及伪造“三包”凭证或有涂改现象的。

学习笔记

视频

B-1 保险车辆理赔流程

知识拓展五 汽车保险理赔

一、汽车保险理赔

汽车保险理赔是指被保险车辆在发生保险责任范围内的损失后，保险人依据保险合同对被保险人提出的索赔请求进行处理的行为。汽车保险理赔工作是保险政策和作用的具体体现，它的依据是保险合同及保险相关法律同行业规定和国际惯例，是汽车保险公司履行合同义务的行为。保险理赔工作通常是由被保险人提供各种必要的单证，保险公司负责理赔的工作人员经过计算、复核等具体程序，最后使被保险人获得赔偿。

二、保险理赔操作流程

（一）报案

出险后，客户要保护现场。除了向交通管理部门报案外，也要及时向保险公司报案。报案期限为事故发生后 48 小时内，超过报案期限保险公司将有权不予理赔。

向保险公司报案时，需提供以下信息：

（1）保单号；

（2）车牌号；

（3）驾驶员姓名；

（4）出险时间；

（5）出险地点；

（6）出险起因及经过；

（7）投保种类；

（8）保险期限；

（9）联系电话；

（10）人员伤亡等情况。

（二）查勘定损

1. 现场查勘

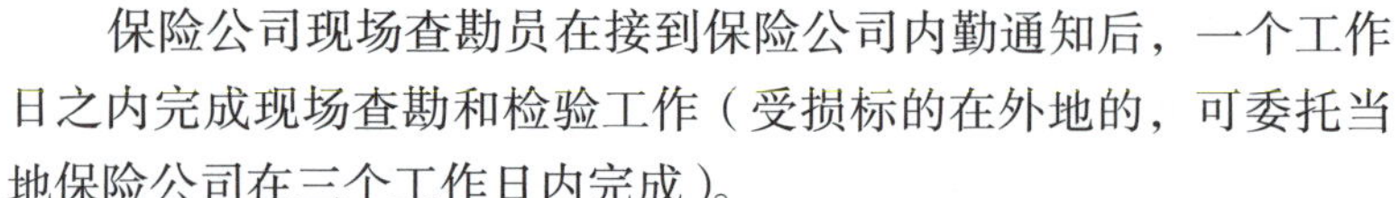

保险公司现场查勘员在接到保险公司内勤通知后，一个工作日之内完成现场查勘和检验工作（受损标的在外地的，可委托当地保险公司在三个工作日内完成）。

现场查勘的主要工作有：

（1）查明出险时间；

（2）查明出险原因；

（3）查明出险地点；

（4）查明出险经过；

（5）核实保险标的；

（6）核实车辆使用性质；

（7）核实出险驾驶员姓名、驾驶证及驾驶证有效情况；

（8）核实施救清理受损财产；

（9）初步判定保险责任及事故责任划分等。

现场查勘需将车辆损失情况拍照取证。

（1）拍摄事故现场整体环境照片，清晰反映路况及现场周边环境；复勘现场应由当事人指明车辆的行驶方向并拍照。

（2）拍摄出险地点标牌（路牌，车站牌，明显标志物）照片。

（3）拍摄车辆发生事故后在现场的停驶状态及车辆外观受损情况，照片反映车辆受损部位与碰撞物体接触点吻合，有条件的提供测量照片。

（4）拍摄事故现场散落物照片或被撞物体附着物照片。

2. 定损核损

定损核损是赔款理算的前提和基础。目前，在汽车保险实务中通常采用协商定损的方式，即由保险人、被保险人以及第三方协商确定保险事故造成的损失费用。

定损核损的基本流程如下：

（1）车主出示保险单证、行驶证、驾驶证、被保险人身份证

学习笔记

及保险单。

（2）车主填写出险报案表，详细填写出险经过、出险地点和时间，详细填写报案人、驾驶员和联系电话。

（3）保险公司理赔员和车主一起检查车辆外观，根据车主填写的报案内容拍照定损。

（4）出险车辆交付维修站修理。

（5）保险公司理赔员开具任务委托单，确定维修项目及维修时间。

（6）车主确认签字并将车辆交与维修站维修。

（三）签收审核索赔单证

1. 提交单证，进行索赔

车主收集索赔资料交给保险公司办理索赔手续进行理赔。

2. 损失理算

赔款理算是保险公司按照法律和保险合同的有关规定，根据保险事故的实际情况，核定和计算应向被保险人赔付金额的过程。保险公司收到齐备的索赔单证之后，在赔款理算的过程中，先划分事故责任，再根据双方责任比例，确定赔偿金额。赔案必须在三个工作日之内理算完毕。

3. 赔付结案

（1）保险公司财务人员根据理赔人员理算得出的金额，向车主指定的账户划拨赔款。

（2）保险公司核赔部门对符合结案条件的赔案进行结案处理，赔案归档。

三、保险理赔的作用

1. 促进汽车工业的发展，扩大了对汽车的需求

汽车产业政策在国家产业政策中的地位越来越重要，汽车产业政策要产生社会效益和经济效益，要成为中国经济发展的原动力，离不开汽车保险与配套服务。汽车保险业务自身的发展对于汽车工业的发展起到了有力的推动作用，汽车保险的出现，解除了企业与个人对使用汽车过程中可能出现的风险的担心，一定程度上提高了消费者购买汽车的欲望，扩大了对汽车的需求。

2. 稳定了社会公共秩序

汽车作为一种保险标的，虽然单位保险金不是很高，但数量多而且分散，车辆所有者既有党政部门，也有工商企业和个人。车辆所有者为了转嫁使用汽车带来的风险，愿意支付一定的保险费投保。在汽车出险后，从保险公司获得经济补偿。由此可以看出，开展汽车保险既有利于社会稳定，又有利于保障保险合同当事人的合法权益。

3. 促进了汽车安全性能的提高

保险公司出于有效控制经营成本和风险的需要，除了加强自身的经营业务管理外，必然会加大事故车辆修复工作的管理，一定程度上提高了汽车维修质量管理的水平。同时，汽车保险的保险人从自身和社会效益的角度出发，联合汽车生产厂家、汽车维修企业开展汽车事故原因的统计分析，研究汽车安全设计新技术，并为此投入大量的人力和财力，从而促进了汽车安全性能方面的提高。

4. 汽车保险业务在财产保险中占有重要的地位

如今，在国内各保险公司中，汽车保险业务保费收入占其财产保险业务总保费收入的 50% 以上，部分公司的汽车保险业务保费收入占其财产保险业务总保费收入的 60% 以上。汽车保险业务已经成为财产保险公司的第一险种。其经营的盈亏，直接关系到整个财产保险行业的经济效益。

学习笔记

知识拓展六　汽车续保

一、汽车保险

机动车辆保险即汽车保险（简称车险），是指对机动车辆由于自然灾害或意外事故所造成的人身伤亡或财产损失负赔偿责任的商业保险。

通过机动车辆保险，将拥有机动车辆的企业、家庭和个人所面临的种种风险及其损失后果得以在全社会范围内分散与转嫁，体现了“集合危险，分散损失”。

汽车保险是财产保险的一种，它伴随着汽车的出现和普及而不断发展成熟。2012 年 3 月，中国保险监督管理委员会（以下简称“中国保监会”）发布了《关于加强机动车辆商业保险条款费率管理的通知》；2012 年 3 月，中国保险行业协会发布了《机动车辆商业保险示范条款》，推动了车辆保险的改革。

二、汽车保险险种

机动车辆保险一般包括交强险和商业险，其中商业险又包括基本险和附加险两部分。

基本险可分为车辆损失保险、第三者责任保险、全车盗抢险（盗抢险）、驾驶人座位责任险和乘客座位责任险。

附加险包括玻璃单独破碎险、自燃损失险、车身划痕损失险、涉水行驶损失险、无过错责任险、车载货物掉落责任险、车辆停驶损失险、新增设备损失险、不计免赔特约险等。其中玻璃单独破碎险、自燃损失险、新增设备损失险，是车身损失险的附加险，必须先投保车辆损失险后才能投保这几个附加险；驾驶人座位责任险、乘客座位责任险、无过错责任险、车载货物掉落责任险等，是商业第三者责任险的附加险，必须先投保商业第三者责任险后才能投保这几个附加险；每个险种不计免赔是可以独立投保的。

汽车保险险种概述

险种名称	保障项目	介绍	
交强险		分为死亡伤残、医疗费用、财产损失三种责任限额	全称“机动车交通事故责任强制保险”，发生车险事故时，可赔第三者人员伤亡和财产损失，不管本车及本车人员的损伤
商业险	基本险	车辆损失险	车辆发生碰撞，赔偿自己爱车损失的费用
		商业第三者责任险	发生车险事故时，赔偿对第三方造成的人身及财产损失
		全车盗抢险	赔偿全车被盗窃、抢劫、抢夺造成的车辆损失
		驾驶人座位责任险	发生车险事故时，赔偿车内驾驶人的伤亡和医疗赔偿费用
		乘客座位责任险	发生车险事故时，赔偿车内乘客的伤亡和医疗赔偿费用
	附加险	玻璃单独破碎险	负责赔偿保险车辆在使用过程中，发生车窗、风窗玻璃的单独破碎损失
		自燃损失险	赔偿车辆因电器、线路、运载货物等自身原因引发火灾造成的损失
		车身划痕损失险	负责无碰撞痕迹的车身表面油漆单独划伤的损失
		涉水行驶损失险	赔偿车辆因遭水淹或因涉水行驶造成发动机损坏的损失
		倒车镜、车灯单独损坏险	赔偿车辆使用过程中，非人为造成的倒车镜、车灯单独损坏的损失
		不计免赔特约险	保险条款约定事故发生后被保险人要自己承担定比例的损失金额。购买此险，这部分损失费用保险公司将同样给予赔偿

学习笔记

三、4S 店投保

4S 店一般会配有专业保险咨询顾问，会依据车辆的使用情况设计保险方案。在出险时车主不仅可以通过拨打保险公司的出险电话，还可以通过 4S 店的服务热线进行报险，车主可以得到 4S 店保险协赔员（保险顾问或称保险专员）的全程跟踪服务，提供索赔流程指导，进行事故车定损并协作理赔事宜，免去了车主在保险公司和维修地点间来回奔波的烦恼，可以节省车主宝贵的时间和精力。

同时，车辆在 4S 店进行维修用的都是车辆的原厂备件，质量过关，免去假冒伪劣备件的风险。另外，4S 店的品牌专修工具及先进的维修设备能够保证维修精度，保证钣金和喷漆的工艺水平，维修技师均为所属品牌的专业维修技师，对于本品牌的车辆的维修技术过硬，不会因为误操作引起车辆损伤的加大而埋下隐患。

四、4S 店续保

4S 店续保是指 4S 店销售车辆保险业务的续保工作，车辆续保是 4S 店售后业务增长的支点之一。为了提高车辆出险后的到店维修率，以及带动潜在的维修维护业务，增加 4S 店的保有客户，车辆续保工作成为许多汽车 4S 店售后服务部门的工作要点。

目前，汽车首保业务基本被 4S 店垄断，车主的新车首次保险几乎都会选择在 4S 店购买，在 4S 店的首保比例基本是 100%，这种“捆绑销售”已成行业普遍做法。车险续保时，4S 店失去了捆绑的“绳索”，电话车险和保险中介成了跟 4S 店抢夺续保业务的对手。因此，汽车售后服务企业如何综合电话车险和保险中介的优势，将电话车险销售的价格和保姆式服务结合起来，提供优质的续保服务，抢占续保市场，提升续保率，是售后服务的重要工作。

五、续保专员工作职责

目前，大多数汽车 4S 店设有“续保专员”职位，确保续保工作顺利开展。续保专员应熟悉车辆保险业务，了解车险投保流程，掌握保险费计算方法以及理赔操作实务，具备良好的沟通能力及服务意识。续保专员能够做好客户信息档案的整理，从系统中筛选客户信息及时记录与客户联系情况；保持与客户的沟通联系并掌握保险销售沟通语言与技巧，从而提升店面续保率。

除此之外，续保专员具有以下工作职责：

（1）负责客户保险相关的投保、续保工作。

（2）负责与保险到期的客户进行联系，并促成客户续保完成。

（3）负责客户保险信息的收集整理。

（4）负责投保、续保业务招揽及统计分析。

（5）客户现场投、续保业务的受理。

（6）维系好与保险公司的合作关系。

（7）负责来电、来店客户对保险业务的咨询解答工作。

（8）负责定期与财务进行相关保险业务的对账工作。

（9）以前未在公司续保的保险客户追踪跟进。

（10）解决续保客户关于保险业务的投诉。

（11）负责建议、改善续保流程等，以促进续保业绩的达成。

学习笔记

知识拓展七　PDI 服务

一、PDI 的含义

PDI（Pre-Delivery Inspection）是指车辆的售前检查，工作主要由服务中心（如果是 4S 店，则指 4S 店的服务部门；如果经销商没有特约维修服务功能，则指汽车厂家在当地的特约维修站完成）。

二、交车前的检查（PDI）服务的基本要求

我国汽车服务行业自 2002 年 7 月 23 日起实施的《汽车售后服务规范》提出了 PDI 服务、技术咨询的基本要求。

（1）供方在将汽车交给顾客前，应保证整车完好。

（2）供方应仔细检查汽车的外观，确保外观无划伤及外部装备齐全。

（3）供方应仔细检查汽车内饰及装备，确保内饰清洁和装备完好。

（4）供方应对汽车性能进行测试，确保汽车的安全性和动力性良好。

（5）供方应保证汽车的辅助设备功能齐全。

（6）供方应向顾客介绍汽车的使用常识。

（7）供方有责任向顾客介绍汽车的装备、使用常识、保养常识、保修规定、保险常识、出险后的处理程序和注意事项。

（8）供方应向顾客提供 24 小时服务热线及救援电话。

（9）供方应随时解答顾客在使用中所遇到的问题。

三、PDI 检查流程

PDI 检测流程分为动态检查和静态检查两个部分。

1. 动态检查

（1）根据售前检查单，核对安装单上的相关信息及 VIN 码的一致性。

（2）插入钥匙通电，待车辆自检结束，起动车辆，观察各种仪表、指示灯是否异常。

（3）系好安全带，检查安全带指示灯是否熄灭。

（4）将车开到 PDI 检验场地，同时检查转向、悬架、制动是否异常。

（5）停车熄火，将车钥匙拔出，完成动态检查。

2. 静态检查

静态检查是按照一定的路线及顺序对新车进行检查，具体检查路线及内容如图 B-1 所示。

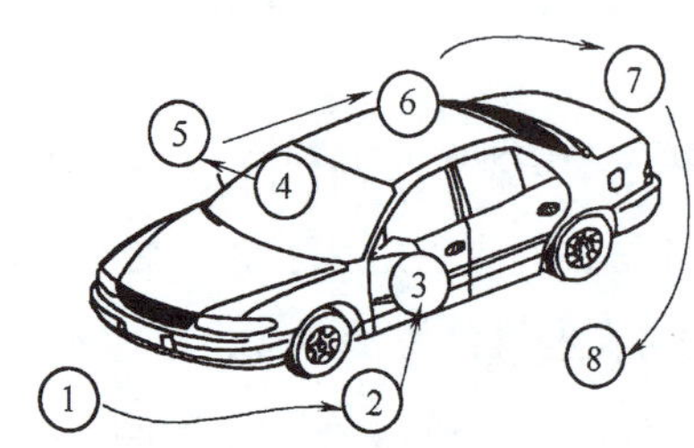

图 B-1　PDI 静态检查路线

静态检查位置及对应内容如下：

①站在车前部，检查发动机舱盖表面、前照灯、前保险杠、通风格栅的表面与配合。打开发动机舱盖，检查发动机舱，包括蓄电池、液位、旋盖松紧等。

②检查发动机处于工作状态时的发动机室情况，检查发动机是否存在异响状况，检查空调风扇是否正常运转。

③检查左前翼子板、左前门、防擦条及后视镜等表面与配合。

④进入驾驶室，检查天窗、刮水器、音响、空调、车窗玻璃、左前座椅等内饰的功能和配合情况；进入前排乘员座椅位置，检查座椅、遮阳板、仪表板等内饰及风窗玻璃。

⑤检查车辆右侧的表面质量与配合，包括右侧的前后车门、前后翼子板。

⑥检查后排乘员座椅及相关内饰功能与表面配合，检查后窗玻璃。

⑦检查行李箱、后保险杠、尾灯的表面质量与配合。

四、PDI 检测要求

（1）PDI 检查推荐分车内 / 车外两名检验员；如果是一人则应保证覆盖所有检查内容。

（2）外观检查应离车 1 米。

（3）必须用气压计检查轮胎气压，应符合规范要求。

（4）缺陷判断标准根据《售前车辆缺陷判断标准》判定。

（5）将检查结果填写在《售前检查单》上，并将相关信息上报。

五、PDI 检测资料保存要求

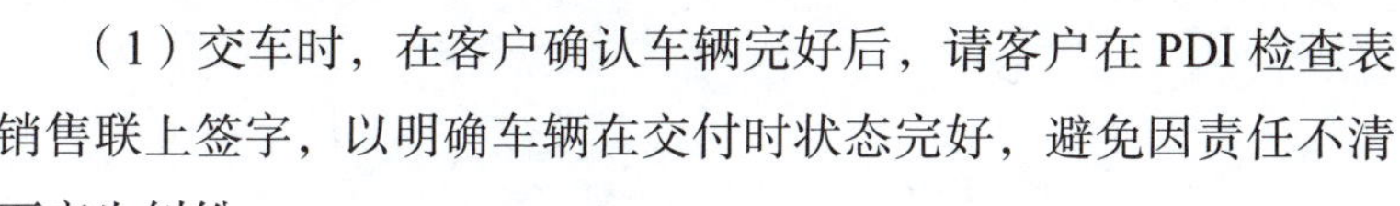

（1）交车时，在客户确认车辆完好后，请客户在 PDI 检查表销售联上签字，以明确车辆在交付时状态完好，避免因责任不清而产生纠纷。

（2）PDI 检查表销售联在客户签字后，由销售人员负责存档。

（3）PDI 检查表存档联由 PDI 审核员负责存档。

（4）严禁向客户交付未实施 PDI 检查的车辆，经重大维修的车辆务必告知客户实际情况。

学习笔记

附录 C　法律法规

汽车售后服务规范标准

汽车售后服务规范

1　范围

本标准规定了汽车售后服务的服务环境和人员、服务流程和顾客投诉处理等基本要求。

本标准适用于汽车服务商的售后服务。

2　术语和定义

GB/T 3730.1 和 GB/T 19000 界定的以及下列术语和定义适用于本文件。

2.1

汽车售后服务　automobile after-sales service

为满足顾客对汽车产品正常使用的要求，通过与顾客以及所售汽车产品的接触，为其提供修理和其他技术服务的过程。

2.2

汽车供应商　automobile suppliers

直接向汽车销售商提供商品及相应服务的企业及其分支机构。

注：包括制造商、经销商和其他中介商。

2.3

汽车销售商　automobile seller

在某一区域和领域拥有汽车销售或服务的单位或个人。

2.4

汽车服务商　automobile service providers

汽车销售商、汽车售后服务商的总称。

2.5

汽车销售服务　automobile sales and service

为满足顾客购买汽车产品的需要，通过产品展示和顾客接触，向其出售所需产品，为其提供相关商务服务的过程。

注：包括汽车商务代理服务。

3　汽车售后服务的环境与人员要求

（1）汽车服务商应建立自身特色的统一品牌整体形象。外观、装修人员穿着、汽车展品摆放及各项服务维修实施等，应要求统一；店内环境整洁明亮。

（2）建立售后服务人员培训和岗位责任制，明确各类人员的岗位职责，并定期考核。

（3）售后服务人员应经过专业、系统的培训和专业的技术理论指导。重要岗位的人员要经过行业专家的系统培训指导，方能上岗。

4　汽车售后服务流程要求

4.1　通用要求

（1）汽车服务商从事汽车产品有关的商务活动，应当依法经营、诚实信用、规范服务、公平竞争。

学习笔记

学习笔记

（2）汽车服务商应策划并提供与服务相适应的专用资源和服务环境。包括：

① 售后服务所需的直接的和间接的人员；

② 服务展示、业务洽谈、产品修理、备件储存和停车等固定的场所和附属设施；

③ 服务销售和售后服务所需的设备（硬件和软件）；

④ 专项技能和技术；

⑤ 适宜的服务环境；

⑥ 财务资源。

这些资源和服务环境应与服务商的经营规模相适应，并进行有效管理。

（3）应建立与服务项目相适应的符合相关法律、法规和质量标准的质量管理体系。应建立与服务环境相适应的符合消防、环保和职业健康安全要求的环境安全管理体系。

（4）对于出厂汽车产品，汽车服务商应随汽车产品提供如下材料：

① 汽车产品合格证；

② 汽车产品使用说明书或技术说明书；

③ 产品备用、备件清单。

4.2 售后服务流程与质量要求

1）售后服务流程要求

应建立完整、科学、合理的售后服务流程，售后服务流程应包括：

（1）服务沟通；

（2）车辆交接；

（3）检测诊断；

（4）服务报价；

（5）服务内容确认；

（6）服务内容实施；

（7）完工总检；

（8）结算交车。

2）售后服务质量要求

售后服务质量管理应包括以下方面：

（1）售后服务商应将服务方案事先告知顾客，并告知维修配件的相关信息及相应的价格，供顾客选择；

（2）用于维修服务的汽车零件，应是经过检验符合质量标准的合格品；经过修复用于维修服务的汽车零件，应当向顾客说明瑕疵，在装用之前得到顾客确认，并保证产品的技术安全性能，涉及排放、能耗和安全性的汽车修复零件，应确保符合该零件的质量标准和适用的安全技术法规；

（3）售后服务商应明确并公示汽车零件的索赔规定，索赔规定应符合相关法规规定和供应商的规定，当二者不一致时，应按有利于顾客的规定执行；

（4）售后服务商提供保险索赔服务时，应确保与顾客和保险公司的三方沟通；

（5）对汽车维修服务产生的废弃物、水污染排放要求，执行 GB 26877 的规定。

学习笔记

4.3　售后服务交付要求

（1）售后服务商应确保售后服务竣工后交付前的适当管理，包括：

① 竣工检验；

② 必要的保洁和包装（如汽车冲洗和零件包装）；

③ 调整复位；

④ 更换下的零部件告知；

⑤ 关闭车窗，锁紧车门，停放在规定的车位。

（2）内部交接人员实行交付前验证，包括修理工单和服务的验证：

① 按规定完成的服务项目；

② 检验记录完整性；

③ 必要的签名和日期；

④ 产品的洁净度；

⑤ 更换下的零部件。

（3）受理人员按规定的时机和方式向顾客交付产品。交付前应履行下列职责：

① 打印结算清单，清单应分项计算修理材料和工时费；

② 解释服务项目和费用的构成；

③ 引导顾客支付服务款额；

④ 提交发票、结算清单、机动车二级维护竣工出厂合格证和出门通行证；

⑤ 必要时，提供售后延伸服务。

（4）安全项和重要修理项目交付时，售后服务商应向顾客进行性能演示。

4.4　维修救援服务

（1）售后服务商提供 24 h 电话和维修救援服务的，应预先公告求救电话和收费标准。

（2）从事救援修理服务的工作人员应经过培训，掌握外出修理救援必需的故障判断、应急准备、车辆牵引和交通安全知识。

（3）维修救援服务的资源应满足规定要求，包括：

① 通信工具；

② 白天和晚间值班的人员；

③ 救援服务需要的车辆及其状态；

④ 用于救援所需的工具和设备设施；

⑤ 需要的备件。

（4）在公路或高速公路实施救援维修服务，应遵守相关的交通安全法规，包括故障汽车在公路上牵引时规定的警示标识、灯光信号、行驶速度和路线。

5　顾客跟踪和投诉处理

（1）售后服务商应建立顾客跟踪和信息反馈制度。包括：

① 建立承修汽车记录和服务技术档案管理；

② 修理后顾客电话回访和满意度测评规定；

③ 顾客意见、投诉处理和反馈程序；

④ 顾客意见、投诉与汽车供应商沟通程序；

⑤ 第三方对顾客测评结果和投诉信息的反馈程序。

（2）汽车服务技术档案应包括顾客及其承修汽车必要的数据信息，可用于随后的查询和质量跟踪。档案包括：

学习笔记

① 修理合同；

② 修理工单；

③ 产品检验（包括预检）和测试记录；

④ 结算清单；

⑤ 修理发票；

⑥ 合格证（副件）。

汽车服务技术档案至少应保存 10 年以上。

（3）售后服务商应设立专门的机构和人员，实行修理后的电话回访，回访的顾客意见应及时处理。回访的原始记录应予保存，回访信息反馈汽车供应商或销售商。

（4）顾客提出需要汽车服务商改进的意见时，应在适当的时机用适当的方式告知改进的结果。

（5）汽车服务商应关注顾客的投诉，投诉的处理措施应确保与投诉的影响或潜在影响的程度相适应。

（6）当顾客无法与汽车供应商、销售商就投诉事宜达成共识时，应告知顾客其他投诉处理的合法途径和相关机构。

（7）顾客投诉的补救措施和处理结果应按约定的时间反馈顾客。

（8）涉及重大的投诉和质量纠纷，应通过合法途径合理解决。

家用汽车产品修理更换退货责任规定

（2021 年 7 月 22 日国家市场监督管理总局令第 43 号公布）

第一章　总 则

第一条　为了明确家用汽车产品修理、更换、退货（以下统称三包）责任，保护消费者合法权益，根据《中华人民共和国产品质量法》《中华人民共和国消费者权益保护法》等法律，制定本规定。

第二条　在中华人民共和国境内销售的家用汽车产品的三包，适用本规定。

第三条　三包责任由销售者依法承担。销售者依照本规定承担三包责任后，属于生产者责任或者其他经营者责任的，销售者有权向生产者、其他经营者追偿。

从中华人民共和国境外进口家用汽车产品到境内销售的企业，视为生产者。

第四条　家用汽车产品经营者之间可以订立合同约定三包责任的承担，但不得侵害消费者合法权益，不得免除或者减轻本规定所规定的质量义务和三包责任。

鼓励经营者作出严于本规定、更有利于保护消费者合法权益的三包承诺。承诺一经作出，应当依法履行。

第五条　家用汽车产品消费者、经营者行使权利、履行义务或者承担责任，应当遵循诚实信用原则。

家用汽车产品经营者不得故意拖延或者无正当理由拒绝消费者提出的符合本规定的三包要求。

第六条　国家市场监督管理总局（以下简称市场监管总局）负责指导协调、监督管理全国家用汽车产品三包工作，建立家用

学习笔记

汽车产品三包信息公开制度，委托相关技术机构承担具体技术工作。

县级以上地方市场监督管理部门负责指导协调、监督管理本行政区域内家用汽车产品三包工作。

第二章　经营者义务

第七条　生产者生产的家用汽车产品应当符合法律、法规规定以及当事人约定的质量要求。未经检验合格，不得出厂销售。

第八条　生产者应当为家用汽车产品配备中文产品合格证或者相关证明、产品一致性证书、产品使用说明书、三包凭证、维修保养手册等随车文件。随车提供工具、附件等物品的，还应当附随车物品清单。

第九条　三包凭证应当包括下列内容：

（一）产品品牌、型号、车辆类型、车辆识别代号（VIN）、生产日期；

（二）生产者的名称、地址、邮政编码、客服电话；

（三）销售者的名称、地址、邮政编码、客服电话、开具购车发票的日期、交付车辆的日期；

（四）生产者或者销售者约定的修理者（以下简称修理者）网点信息的查询方式；

（五）家用汽车产品的三包条款、包修期、三包有效期、使用补偿系数；

（六）主要零部件、特殊零部件的种类范围，易损耗零部件的种类范围及其质量保证期；

（七）家用纯电动、插电式混合动力汽车产品的动力蓄电池在包修期、三包有效期内的容量衰减限值；

（八）按照规定需要明示的其他内容。

第十条　生产者应当向市场监管总局备案生产者基本信息、车型信息、约定的销售和修理网点资料、产品使用说明书、三包凭证、维修保养手册和退换车信息等，但生产者已经在缺陷汽车产品召回信息管理系统上备案的信息除外。

备案信息发生变化的，生产者应当自变化之日起 20 个工作日内更新备案。

第十一条　生产者应当积极配合销售者、修理者履行其义务，不得故意拖延或者无正当理由拒绝销售者、修理者按照本规定提出的协助、追偿等事项。

第十二条　销售者应当建立进货检查验收制度，验明家用汽车产品的随车文件。

第十三条　销售者应当向消费者交付合格的家用汽车产品，并履行下列规定：

（一）与消费者共同查验家用汽车产品的外观、内饰等可以现场查验的质量状况；

（二）向消费者交付随车文件以及购车发票；

（三）按照随车物品清单向消费者交付随车工具、附件等物品；

（四）对照随车文件，告知消费者家用汽车产品的三包条款、包修期、三包有效期、使用补偿系数、修理者网点信息的查询方式；

（五）提醒消费者阅读安全注意事项并按照产品使用说明书的要求使用、维护、保养家用汽车产品。

第十四条　消费者遗失三包凭证的，可以向销售者申请补办。销售者应当及时免费补办。

第十五条　包修期内家用汽车产品因质量问题不能安全行驶的，修理者应当提供免费修理咨询服务；咨询服务无法解决的，

学习笔记

应当开展现场服务，并承担必要的车辆拖运费用。

第十六条　包修期内修理者用于修理的零部件应当是生产者提供或者认可的合格零部件，并且其质量不得低于原车配置的零部件质量。

第十七条　修理者应当建立修理记录存档制度。修理记录保存期限不得低于 6 年。

修理记录应当包括送修时间、行驶里程、消费者质量问题陈述、检查结果、修理项目、更换的零部件名称和编号、材料费、工时及工时费、车辆拖运费用、提供备用车或者交通费用补偿的情况、交车时间、修理者和消费者签名或者盖章等信息，并提供给消费者一份。

消费者因遗失修理记录或者其他原因需要查阅或者复印修理记录，修理者应当提供便利。

第三章　三包责任

第十八条　家用汽车产品的三包有效期不得低于 2 年或者行驶里程 50 000 公里，以先到者为准；包修期不得低于 3 年或者行驶里程 60 000 公里，以先到者为准。

三包有效期和包修期自销售者开具购车发票之日起计算；开具购车发票日期与交付家用汽车产品日期不一致的，自交付之日起计算。

第十九条　家用汽车产品在包修期内出现质量问题或者易损耗零部件在其质量保证期内出现质量问题的，消费者可以凭三包凭证选择修理者免费修理（包括免除工时费和材料费）。

修理者能够通过查询相关信息系统等方式核实购买信息的，应当免除消费者提供三包凭证的义务。

第二十条　家用汽车产品自三包有效期起算之日起 60 日内或者行驶里程 3 000 公里之内（以先到者为准），因发动机、变速器、动力蓄电池、行驶驱动电机的主要零部件出现质量问题的，消费者可以凭三包凭证选择更换发动机、变速器、动力蓄电池、行驶驱动电机。修理者应当免费更换。

第二十一条　家用汽车产品在包修期内因质量问题单次修理时间超过 5 日（包括等待修理零部件时间）的，修理者应当自第 6 日起为消费者提供备用车，或者向消费者支付合理的交通费用补偿。经营者与消费者另有约定的，按照约定的方式予以补偿。

第二十二条　家用汽车产品自三包有效期起算之日起 7 日内，因质量问题需要更换发动机、变速器、动力蓄电池、行驶驱动电机或者其主要零部件的，消费者可以凭购车发票、三包凭证选择更换家用汽车产品或者退货。销售者应当免费更换或者退货。

第二十三条　家用汽车产品自三包有效期起算之日起 60 日内或者行驶里程 3000 公里之内（以先到者为准），因质量问题出现转向系统失效、制动系统失效、车身开裂、燃油泄漏或者动力蓄电池起火的，消费者可以凭购车发票、三包凭证选择更换家用汽车产品或者退货。销售者应当免费更换或者退货。

第二十四条　家用汽车产品在三包有效期内出现下列情形之一，消费者凭购车发票、三包凭证选择更换家用汽车产品或者退货的，销售者应当更换或者退货：

（一）因严重安全性能故障累计进行 2 次修理，但仍未排除该故障或者出现新的严重安全性能故障的；

（二）发动机、变速器、动力蓄电池、行驶驱动电机因其质量问题累计更换 2 次，仍不能正常使用的；

（三）发动机、变速器、动力蓄电池、行驶驱动电机、转向系统、制动系统、悬架系统、传动系统、污染控制装置、车身的同

学习笔记

一主要零部件因其质量问题累计更换 2 次，仍不能正常使用的；

（四）因质量问题累计修理时间超过 30 日，或者因同一质量问题累计修理超过 4 次的。

发动机、变速器、动力蓄电池、行驶驱动电机的更换次数与其主要零部件的更换次数不重复计算。

需要根据车辆识别代号（VIN）等定制的防盗系统、全车主线束等特殊零部件和动力蓄电池的运输时间，以及外出救援路途所占用的时间，不计入本条第一款第（四）项规定的修理时间。

第二十五条　家用汽车产品符合本规定规定的更换条件，销售者无同品牌同型号家用汽车产品的，应当向消费者更换不低于原车配置的家用汽车产品。无不低于原车配置的家用汽车产品，消费者凭购车发票、三包凭证选择退货的，销售者应当退货。

第二十六条　销售者为消费者更换家用汽车产品或者退货，应当赔偿消费者下列损失：

（一）车辆登记费用；

（二）销售者收取的扣除相应折旧后的加装、装饰费用；

（三）销售者向消费者收取的相关服务费用。

相关税费、保险费按照国家有关规定执行。

第二十七条　消费者依照本规定第二十四条第一款规定更换家用汽车产品或者退货的，应当向销售者支付家用汽车产品使用补偿费。补偿费的计算方式为：

补偿费 = 车价款（元）× 行驶里程（公里）/1000（公里）× n。

使用补偿系数 n 由生产者确定并明示在三包凭证上。使用补偿系数 n 不得高于 0.5%。

第二十八条　三包有效期内销售者收到消费者提出的更换家用汽车产品或者退货要求的，应当自收到相关要求之日起 10 个工作日内向消费者作出答复。不符合更换或者退货条件的，应当在答复中说明理由。

符合更换或者退货条件的，销售者应当自消费者提出更换或者退货要求之日起 20 个工作日内为消费者完成更换或者退货，并出具换车证明或者退车证明；20 个工作日内不能完成家用汽车产品更换的，消费者可以要求退货，但因消费者原因造成的延迟除外。

第二十九条　按照本规定更换的家用汽车产品，其三包有效期和包修期自更换之日起重新计算。

第三十条　包修期内家用汽车产品所有权发生转移的，三包凭证应当随车转移。三包责任不因家用汽车产品所有权的转移而改变。

第三十一条　经营者合并、分立、变更、破产的，其三包责任按照有关法律、法规的规定执行。

第三十二条　包修期内家用汽车产品有下列情形之一的，可以免除经营者对下列质量问题承担的三包责任：

（一）消费者购买时已经被书面告知家用汽车产品存在不违反法律、法规或者强制性国家标准的瑕疵；

（二）消费者未按照使用说明书或者三包凭证要求，使用、维护、保养家用汽车产品而造成的损坏；

（三）使用说明书明示不得对家用汽车产品进行改装、调整、拆卸，但消费者仍然改装、调整、拆卸而造成的损坏；

（四）发生质量问题，消费者自行处置不当而造成的损坏；

（五）因不可抗力造成的损坏。

经营者不得限制消费者自主选择对家用汽车产品维护、保养的企业，并将其作为拒绝承担三包责任的理由。

学习笔记

第三十三条　销售者销售按照本规定更换、退货的家用汽车产品的，应当检验合格，并书面告知其属于“三包换退车”以及更换、退货的原因。

“三包换退车”的三包责任，按照当事人约定执行。

第四章　争议的处理

第三十四条　发生三包责任争议，可以通过下列途径解决：

（一）协商和解；

（二）请求消费者协会或者依法成立的其他调解组织调解；

（三）向市场监督管理部门等有关行政机关投诉；

（四）根据当事人达成的仲裁协议提请仲裁机构仲裁；

（五）向人民法院提起诉讼。

第三十五条　鼓励有关组织建立第三方家用汽车产品三包责任争议处理机制，为消费者免费提供公正、专业、便捷、高效的汽车三包责任争议处理服务。

第三十六条　市场监督管理部门处理三包责任争议投诉举报，按照市场监督管理部门有关投诉举报处理的规定执行。

省级市场监督管理部门可以建立家用汽车产品三包责任争议处理技术咨询人员库，为处理三包责任争议提供技术支持。

第五章　法律责任

第三十七条　未按照本规定第二章规定履行经营者义务，法律、法规对违法行为处罚有规定的，依照法律、法规执行；法律、法规没有规定的，予以警告，责令限期改正，情节严重的，处一万元以上三万元以下罚款。

第三十八条　故意拖延或者无正当理由拒绝承担本规定第三章规定的三包责任的，依照《中华人民共和国消费者权益保护法》第五十六条执行。

第三十九条　本规定所规定的行政处罚，由县级以上地方市场监督管理部门依法实施。行政处罚信息记入国家企业信用信息公示系统，向社会公示。

第六章　附 则

第四十条　本规定下列用语的含义：

家用汽车产品，指消费者为生活消费需要而购买和使用的乘用车和皮卡车。

乘用车，指按照有关国家标准规定的除专用乘用车以外的乘用车。

质量问题，指家用汽车产品质量不符合法律、法规、强制性国家标准以及企业明示采用的标准或者明示的质量状况，或者存在影响正常使用的其他情形。

严重安全性能故障，指家用汽车产品存在的危及人身、财产安全，致使无法安全使用的质量问题，包括安全装置不能起到应有的保护作用或者存在起火等危险的情形。

单次修理时间，指自消费者与修理者确定修理之时至完成修理之时。以小时计算，每满 24 小时，为 1 日；余下时间不足 24 小时的，以 1 日计。

累计修理时间，指单次修理时间累加之和。

第四十一条　家用汽车产品的主要零部件、特殊零部件、易损耗零部件的种类范围，按照有关国家标准确定。

第四十二条　本规定自 2022 年 1 月 1 日起施行。2012 年 12 月 29 日原国家质量监督检验检疫总局令第 150 号公布的《家用汽车产品修理、更换、退货责任规定》同时废止。

参 考 文 献

[1] 刘春晖 . 汽车售后服务与管理［M］. 北京：机械工业出版社，2017.

[2] 栾凯 . 汽车售后服务管理［M］. 北京：航空工业出版社，2017.

[3] 吴敬静 . 汽车售后服务与管理［M］. 北京：机械工业出版社，2015.

学习笔记

学习笔记